Numerical thinking × Excel = Results

数字思考力 × EXCEL で マーケティングの成果を上げる本

植山 周志
Shoe-g Ueyama

JN148780

SHOEISHA

本書内容に関するお問い合わせについて

このたびは翔泳社の書籍をお買い上げいただき、誠にありがとうございます。弊社では、読者の皆様からのお問い合わせに適切に対応させていただくため、以下のガイドラインへのご協力をお願い致しております。下記項目をお読みいただき、手順に従ってお問い合わせください。

●ご質問される前に

弊社Webサイトの「正誤表」をご参照ください。これまでに判明した正誤や追加情報を掲載しています。

  正誤表 http://www.shoeisha.co.jp/book/errata/

●ご質問方法

弊社Webサイトの「刊行物Q&A」をご利用ください。

  刊行物Q&A http://www.shoeisha.co.jp/book/qa/

インターネットをご利用でない場合は、FAXまたは郵便にて、下記"翔泳社 愛読者サービスセンター"までお問い合わせください。
電話でのご質問は、お受けしておりません。

●回答について

回答は、ご質問いただいた手段によってご返事申し上げます。ご質問の内容によっては、回答に数日ないしはそれ以上の期間を要する場合があります。

●ご質問に際してのご注意

本書の対象を越えるもの、記述個所を特定されないもの、また読者固有の環境に起因するご質問等にはお答えできませんので、予めご了承ください。

●郵便物送付先およびFAX番号

  送付先住所 〒160-0006 東京都新宿区舟町5
  FAX番号 03-5362-3818
  宛先   （株）翔泳社 愛読者サービスセンター

※本書に記載されたURL等は予告なく変更される場合があります。
※本書の出版にあたっては正確な記述につとめましたが、著者や出版社などのいずれも、本書の内容に対してなんらかの保証をするものではなく、内容やサンプルに基づくいかなる運用結果に関してもいっさいの責任を負いません。
※本書に記載された内容はすべて著者の個人的な見解に基づいたものであり、特定の機関、組織、グループの意見を反映したものではありません。また、本書に掲載されている情報の利用によっていかなる損害が発生したとしても、著者ならびに出版社は責任を負いません。
※本書に記載されている会社名、製品名はそれぞれ各社の商標および登録商標です。

はじめに

　本書を手に取っていただき本当にありがとうございます。

　きっと、あなたは自分のマーケティング力を強化したいと思って本書を手に取ってくださったのだと思います。

　突然ですが、マーケティングは、「アート」と「サイエンス」で成り立っています。ですから、我々マーケティング担当者に必要な能力は、感性的な能力と論理的な能力の掛け算によって成り立ちます。

　「感性」の部分は、本を読んだだけで身に付くものではないかもしれません。でも、少なくとも数字を使った論理的なアプローチについては、学習によって身に付けることが可能です。本書は、まさにその「数字を使った論理的なアプローチ」について、詳しく解説しています。

　執筆の際に心がけたのは、机上の空論に留まらず、できるだけ実務で使えるように解説することでした。その一環として、本書で紹介している様々なEXCEL活用については、学習と実務の双方に役立つEXCELワークシートを用意しました。本を読むだけでなく、実際にワークシートを触ってみることで、さらに理解が深まると思います。

　本書で紹介している内容は、私自身が実務で使い続け、効果があったものばかりです。言わば、私が長い間かけて学び、実践して培ったノウハウをまとめたのが本書です。

　本書が、あなたのマーケティング力を高めるための1冊になれば非常に嬉しいです。

植山 周志

CONTENTS

はじめに ……………………………………………………………… 03

第1部 基礎知識 編

Chapter 01 マーケティング業務の概要　09

- Section 01　マーケティングという仕事 …………………………………… 10
- Section 02　今こそ必要なマーケティング力 ……………………………… 13
- Section 03　マーケティング業務の流れ …………………………………… 16
- Section 04　ビジネスにおける3つの共通言語 …………………………… 19
- Section 05　仕事は「やった量」ではなく「効率」を重視する …………… 23
- Section 06　まずは「Low Hanging Fruit」を探せ！ …………………… 27

Chapter 02 できるマーケティング担当者への近道　31

- Section 01　マーケティング担当者が持つべき思考法 …………………… 32
- Section 02　マーケティング初心者が心がけるべきこと ………………… 41
- Section 03　マーケティング担当者に必要な「数字思考力」って？ …… 46
- Section 04　数字思考力を身に付ける方法 ………………………………… 50
- Section 05　ビジネスを構造化するとわかること ………………………… 57
- Section 06　数字との正しい付き合い方 …………………………………… 61
- Section 07　EXCELは数字思考力の強い味方 …………………………… 65
- Section 08　EXCELの習得レベルと仕事の関係 ………………………… 67
- Section 09　「やりたい」と「やらなければいけない」………………………… 70

第2部 マーケティング実務 編

STEP 1 数字を集計する　73

- Section 01 ［基礎知識］データを集計するときの注意点 ……………………… 74
- Section 02 ［基礎知識］データの「種類」に留意する ……………………… 77
- Section 03 ［基礎知識］データを集める前にやるべきこと ……………………… 82
- Section 04 ［データの読み込み］生データをEXCELに読み込む …………… 93
- Section 05 ［データの読み込み］データの文字化けを修正する ………………… 96
- Section 06 ［フォーマットの調整］表の幅や数字の体裁を整える ……………… 98
- Section 07 ［フォーマットの調整］文字の配置やセルの幅を調整する ………… 101
- Section 08 ［集計実務］集計した数値を条件付き書式で見やすくする ……… 104
- Section 09 ［集計実務］データを並べ替える ……………………………………… 108
- Section 10 ［集計実務］フィルター機能で集計する …………………………… 110
- Section 11 ［集計実務］ピボットテーブルで集計する ………………………… 114

CONTENTS

Chapter 04 STEP 2 集計した数字を分析する　119

- Section 01　［基礎知識］「分析」とは何か？ …………………………………… 120
- Section 02　［基礎知識］どんなときに「分析」が必要？ ……………………… 123
- Section 03　［基礎知識］「やりっぱなし」から卒業するために ……………… 125
- Section 04　［基礎知識］まずは「鳥の眼」で見て、次に「虫の眼」で見る … 128
- Section 05　［基礎知識］全体の中で「集中するところ」を決めることが大事 … 130
- Section 06　［各種分析とグラフ作成］絶対に覚えておくべき3つの分析 ……… 133
- Section 07　［各種分析とグラフ作成］数字思考力とトレンド分析の活用例 … 135
- Section 08　［各種分析とグラフ作成］EXCELでトレンド分析のグラフを作る …… 141
- Section 09　［各種分析とグラフ作成］関係性を調べる相関分析と相関係数 …… 148
- Section 10　［各種分析とグラフ作成］EXCELで相関分析のグラフを作る …… 150
- Section 11　［各種分析とグラフ作成］有名な4つのマトリクス分析 …………… 160
- Section 12　［各種分析とグラフ作成］マトリクスの作り方と考え方 …………… 165
- Section 13　［各種分析とグラフ作成］EXCELでマトリクス分析のグラフを作る … 170

Chapter 05 STEP 3 分析をもとに予測を立てる　175

- Section 01　［基礎知識］予測・シミュレーションを作るということ ……………… 176
- Section 02　［基礎知識］シミュレーションを作る3つの意味 ……………………… 178
- Section 03　［基礎知識］シミュレーションを作るために必要なこと ……………… 181
- Section 04　［基礎知識］EXCELでの間違いを防ぐ3つのルール ………………… 183
- Section 05　［基礎知識］シミュレーションを作る基本手順 ………………………… 188
- Section 06　［基礎知識］シミュレーションの結果が現実の結果と異なる理由 …… 194
- Section 07　［シミュレーションの作成］回帰分析から予測を作る ……………… 198
- Section 08　［シミュレーションの作成］トレンド分析から予測を作る① ………… 206
- Section 09　［シミュレーションの作成］トレンド分析から予測を作る② ………… 210
- Section 10　［シミュレーションの作成］感度分析から予測を作る ……………… 214

Chapter 06　STEP 4　報告・プレゼン資料を作成する　223

- Section 01　［基礎知識］報告・プレゼン資料作りの目的と注意点 …………… 224
- Section 02　［基礎知識］説得したい相手の「ニーズ」を考える ………………… 226
- Section 03　［基礎知識］PREP法でわかりやすい話の流れを作る …………… 228
- Section 04　［基礎知識］資料は必要最低限のボリュームにする ……………… 230
- Section 05　［見やすい表の作り方］見やすい表を作るための3つのルール … 232
- Section 06　［見やすい表の作り方］「比較対象」と一緒に数字を示す ……… 236
- Section 07　［見やすい表の作り方］セルやグラフの色は少なく! 多くても「2色」まで … 239
- Section 08　［見やすい表の作り方］エラー表示されるレポートはもう作らない! ……… 241
- Section 09　［見やすいグラフの作り方］目的別! グラフの選び方 ……………… 244
- Section 10　［見やすいグラフの作り方］見やすい棒グラフの作り方 ………… 246
- Section 11　［見やすいグラフの作り方］見やすい折れ線グラフの作り方 …… 250
- Section 12　［見やすいグラフの作り方］見やすい円グラフの作り方 ………… 255
- Section 13　［見やすいグラフの作り方］見やすい散布図の作り方 …………… 258
- Section 14　［ワンランク上のグラフ作成］バブルチャートで3つの要素の関係を表現する … 260
- Section 15　［ワンランク上のグラフ作成］ウォーターフォールチャートで構成をわかりやすく表現する … 266

あとがき ……………………………………………………………………………… 271

EXCELワークシートのダウンロードについて

本書の第2部「マーケティング実務編」（Chapter03〜05）では、
EXCELの活用方法について様々な解説を行っています。
解説に登場するEXCELワークシートは、
次のURLから無料でダウンロードできます。
自分の手で実際にワークシートを確認したり、
あれこれと操作してみると、より学習効果が高まるはずです。
またワークシートは、学習用途として使うだけでなく、
実務にもご活用いただけます。自身の業務に合わせ、
自由にカスタマイズしてお使いください。
なおワークシートの中には、本書では解説しきれなかった
素敵なEXCEL操作も含まれていますので、合わせてご活用ください。

URL http://www.shoeisha.co.jp/book/download/9784798146393/

- ワークシートは著者の厚意により提供しているものであり、許可なく転載、再配布することを禁じます。
- EXCELワークシートで算出される計算結果については十分に確認作業を行っておりますが、全ての事項に対して何らかの保障をするものではなく、EXCELワークシートを使用した結果について著者および株式会社翔泳社は一切の責任を負いません。
- ダウンロードサンプルをご利用いただくには、インターネット接続環境に加え、PCにMicrosoft Excelがインストールされている必要があります。

第 1 部 基礎知識編

Chapter 01

マーケティング業務の概要

近年は職種を問わず、「マーケティング力」が
求められる時代になりつつあると感じます。
では、そもそもマーケティングとは、一体どのような業務なのでしょう。
また、マーケティング業務を円滑に進めるには、
どのようなプロセス、どのような心構えで臨むべきなのでしょうか。
まずは、そのような「マーケティングの基本」から
解説を始めることにしましょう。

Section 01 マーケティングという仕事

「マーケティングの仕事」と聞いて、あなたは何を想像しますか。

筆者は、「マーケティングとは、売れる仕組みを作ること」と教えられました。ピーター・F・ドラッガーの代表的な名著『マネジメント』には、「マーケティングの究極の目標は、セリング（売り込み）を不要にすることだ」と書いてあるのですが、筆者はこの言葉に深く共感します。

他方、公益社団法人「日本マーケティング協会」は、マーケティングを次のように定義しています。

> マーケティングとは、企業および他の組織がグローバルな視野に立ち、顧客との相互理解を得ながら、公正な競争を通じて行う市場創造のための総合的活動である。

ちょっとわかりづらい記述ですが、少し分解してみると、「企業および他の組織がグローバルな視野に立ち」の部分からは、視野を広くし、国内だけでなく海外、自分の業界だけでなく別の業界も見ることも必要だということ、「顧客との相互理解を得ながら」という部分からは、マーケティングは企業から顧客への「一方的なコミュニケーション」ではなく、双方向の関係性が必要であること、「公正な競争を通じて」という部分からは、「競争」があるわけなので、「競合企業がいること」が想像できます。最後の「市場創造のための総合的活動」という部分からは、マーケティングとは広告・宣伝など1つの作業を指すのではなく、もう少し幅広い意味を持っていることが読み取れるのではないでしょうか。

これらを踏まえて最終的に定義するならば、マーケティングという仕事は、「お客様に価値を提供し、その対価を得るための全ての活動・業務」を指すと筆者は考えます。

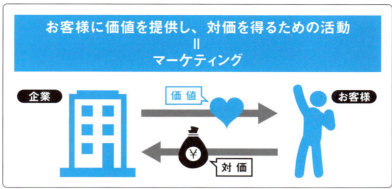

図1-1：マーケティング業務

　さらに噛み砕いて言うならば、**「お客様と企業の両方がHappyになるために考え、行動すること」がマーケティングの秘訣**だと筆者は考えています。よく「Win-Winの関係」などと言いますが、あえて「Win」ではなく「Happy」という言葉を使ったのは、誰かが「Win（勝つ）」なら誰かが「Lose（負ける）」わけで、そうではなく「目指すべきところは誰もがHappyであること」だと感じるからです。

マーケティングの最終目標

　有名な投資家ウォーレン・バフェットの言葉に、「Price Is What You Pay, Value Is What You Get（価格はあなたが払うもの、価値はあなたが得るもの）」というものがあります。この言葉の根本にあるのは、「価値に対して値段が釣り合っているかどうか」という視点ですが、これはマーケティングにも当てはまる考え方です。

　例えば、筆者が栄養ドリンクの販売会社のマーケティング担当で、あなたがお客様だとします。あなたの肌感覚では、栄養ドリンクは200円程度という認識ですが、筆者の商品は「500円」と割高です。

　このとき筆者は、マーケティング活動によって「500円」という値段に値する栄養ドリンクの価値をお客様（あなた）に伝えます。この場合、栄養ドリンクの商品そのものはもちろん、言葉の選び方、訴求したいポ

イント、資料に使われるイメージなど、全てがマーケティングにかかわります。

　説明を受けて試しに飲んでみたところ、あなたは効果を実感し、その後疲労がひどいときは、この栄養ドリンクを購入するようになりました。

　この場合、筆者の会社は利益を獲得できてHappy、あなた（お客様）は疲労状態が解消されてHappyということになります。これがマーケティング業務において望むべき状態です。さらに言えば、この関係性が継続する状態、つまり自社の栄養ドリンクをお客様が愛してくれ、買い続けてくれるのが最高の状態です。

　そうすることで、企業にとって1人のお客様から得られる利益と顧客生涯価値（ライフ・タイム・バリュー）が継続・拡大されていきます。**商売で一番利益を生み出すものは、新規顧客からの売上ではなく、既存のお客様がリピートで買い続けてもらうことです。**しかし、既存のリピート客が100％リピートするとは限らず、離れていく既存客がいるので、マーケティングによって新規顧客を作り続ける必要があるのです。離れていくお客様の数以上の新規顧客が生み出せたら、既存客の数は増えていきます。

　既存客のリピーターを増やすためにも、まずは新規顧客も既存客もHappyにすることを第一にしてマーケティングを考えていくことが大事です。企業が利益を得ることを考えるのは、優先順位としてはその次になると言えるでしょう。

図1-2：ビジネスを成長させるために行うこと

Section 02 今こそ必要なマーケティング力

　私が社会人になった20年前と比べ、近年は2つの変化があると感じています。1つは「仕事のボーダレス化」、もう1つは「メディアと消費者の変化」です。それぞれについて見ていきましょう。

仕事のボーダレス化

　近年は、1つの職種に求められる仕事の幅が広がっています。例えば営業マンは、昔はひたすら足を使って取引先を回り、勢いと声の大きさで自社製品を売ればよかったかもしれませんが、昨今はコンサルタントのようにお客様の悩みを解決したり、数字に基づいた精緻な分析や売上予測を立てられる能力が求められるようになっています。

　あるいは企業のWebサイト担当者も、Webサイトを作っているだけ、アクセスログを眺めているだけではだめで、詳細なアクセス解析や仮説の立案・検証、PVを上げるための露出戦略なども考えなくてはなりません。

メディアと消費者の変化

　メディアと消費者の変化も見逃せません。筆者が学生だった1990年代前半、主要なメディアはテレビでした。当時『東京ラブストーリー』というドラマが大ヒットしたのですが、放送翌日は誰もがこのドラマについて話していたものです。それほどテレビの影響力が大きい時代でした。また、企業もテレビCMさえ流しておけば、ターゲットにメッセージを届けることができました。

　しかしその後、この図式は大きく変化します。具体的には、次の4つが大きく変わりました。

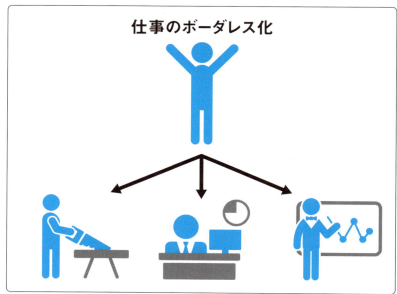

図1-3：求められる仕事の幅が広がっている

[①ユーザーの趣味嗜好の多様化]

　みんなが「同じこと」を行うのではなく、それぞれが好きなことをやるようになりました。それだけ人生を楽しむオプションが増え、素晴らしい時代になってきたとも言えます。

[②リーチするチャネルの多様化]

　昔はみんながテレビを見ていましたが、インターネットの普及により、YouTube、各種SNSやブログ、様々なネットメディアやコミュニケーションアプリに、ユーザーは多くの時間を割くようになりました。すなわち、企業がリーチすべきチャネルが増えているのです。

[③あふれる広告と進化する広告技術]

　かつては「広告」と言えばテレビ・新聞・ラジオなどマス媒体が主流だったため、出稿費が高く、広告展開できるのは資金的に余裕がある企業に限られていました。

しかし昨今は、インターネット上で安価に広告出稿できる時代になったため、様々な広告があふれるようになっています。

少しでもユーザーの目を引くため、インターネット上にはあれこれ工夫を凝らした広告が多数登場するなど、広告技術の進歩にも目覚ましいものがあります。

[④より賢くなったユーザー]

近年は、かつてのように「広告を行えばものが売れる」という時代ではなくなっています。インターネットが普及し、ユーザーは多くの情報に瞬時にアクセスできるようになったからです。何か買いたいとき、ユーザーは比較サイトで競合商品を比較したり、ECサイトで商品のレビューをチェックしたりして、購入の可否を判断します。企業とユーザーの情報の非対称性は極めて小さくなり、そのぶんユーザーが賢くなっているのです。

マーケティング力は職種を問わず必要

上述のような状況もあり、**近年はビジネスパーソンも、もはや勘や経験、度胸に頼って仕事をしても、成果を上げることは難しくなっています。**マーケティング力を身に付け、経営者目線とユーザー目線を行き来する柔軟な視点、あふれるデータから現状を適切に分析したり、新しい発見をできる力、自分の提案をわかりやすくプレゼンできるコミュニケーション力などが求められるようになっているのです。

本書ではデータを自分の味方にするための分析力、発見力、コミュニケーション力について解説しつつ、あなたの「マーケティング力」を強化することを目的にしています。

筆者自身、実務で売上を改善するために原因を調べたり、ユーザーの行動について仮説を立てながら数字の分析を行ったり、実行プランを検討したりしてきました。当然、その中で多くの失敗と成功体験を重ねてきましたが、筆者が長い年月をかけて培ったノウハウを、ぜひみなさんにもお伝えできればと思っています。

Section 03 マーケティング業務の流れ

マーケティングの4つのプロセス

　マーケティングの仕事は、大きく「新しいビジネス・商品を立ち上げること」と「既存のビジネス・商品をさらによくすること」に分類できます。ただ、どちらの業務も、**「①調査・分析→②計画→③実行→④評価・修正」という流れで遂行すべきであると思います。**
　では、それぞれのプロセスの詳細を見てみましょう。

[①調査・分析]

　調査・分析により、まず現状を把握します。現状分析の対象としては、自社、競合、ターゲットとしているユーザー、すなわち「3C」です。「3C」とは、「市場（Customer）」「競合（Competitor）」「自社（Company）」の3つの「C」で分析するフレームワークです。

[②計画]

　現状が把握できたら、それに対してどのようなことを行うのか（例えばどのようにしたらユーザーの満足度を上げることができるのかなど）を計画します。戦略、戦術を描くのもこのタイミングです。

[③実行]

　計画ができたら、後は実行です。計画までうまくいっても、実行がうまくできなければ、今まで行った作業が台無しになってしまいます。
　「実行段階までこぎつけたら一安心」と考える人もいるようですが、調査・分析、計画に負けないぐらい、実行段階にも注力することが大事です。実際に実行してから学べることも非常に多いからです。

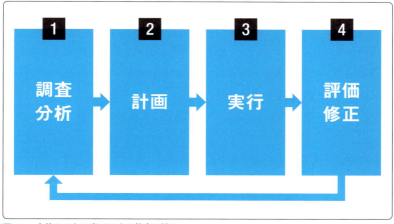

図1-4：大体のことに当てはまる仕事の流れ

[④評価・修正]

計画を実行してみると、計画時には見えなかったこと、想定してなかったことが数多く出てきます。また、想定通りの結果が出ないことも少なくありません。ですから、実施したことを評価し、修正して次に活かさなくてはなりません。

できるマーケティング担当者になるために

この4段階をきちんと行えば、成果が上がる確率は間違いなく向上するはずです。

ただ、実際の業務の現場では、**上記4つのプロセスのうち、「①調査・分析」と「④評価・修正」が省かれていることが少なくありません。**

特に「評価・修正」が省かれたプロジェクトを、筆者は数多く見てきました。「うまくいかなかったプロジェクト」に多いのですが、「あれは失敗だった」という思いがあるせいか、関わった人たちはそのプロジェクトを忘れようとします。結果としてプロジェクトがやりっぱなしに終わってしまい、せっかくの経験からの「学び」がないままとなってしまうのです。これは本当にもったいないと思います。

できるマーケティング担当者になるためには、上記の4段階のプロセスをぐるぐると高速に繰り返すことが大事です。特に評価・修正を実施し、次に活かすことを忘れないでください。たとえ「失敗」と烙印を押されたプロジェクトであっても、反省して失敗の原因を探り、次回のプロジェクトに活かさなければなりません。

　上記の4段階を示す別の言葉に「PDCA」があります。PDCAは、「Plan（計画）」「Do（実行）」「Check（結果の確認と反省）」「Action（改善）」というプロセスを示す言葉です。このプロセスをぐるぐると繰り返すことで、経験、実績が積み上がり、実力が付いていきます。

「数字の肌感覚」を身に付けるために

　さらに実力を付けたい人は、計画段階で「その計画を実行したときの成果」を数字で想定してください。例えば、売上がいくらになる、お店の訪問者が何人増える、購買率がいくつになるなどです。

　そのうえで計画を実行し、計画と現実の数値がどれぐらい近いのか、離れているのかをCheckの段階で確認します。

　もし結果を実行段階から見られるのであれば、プロジェクトが順調に推移しているのか否かも判断できるはずです。そして、最終的な結果が出たら、その結果を見て評価・反省してください。

　これを繰り返すことで、「数字の肌感覚」が身に付きます。**数字の肌感覚が付くと、「こういう施策をしたらこれぐらいの効果が出るだろう」と予測できるようになります。**もちろん自分が実施する施策ではなく、部下やパートナーが提案する施策についても、同様にジャッジできるようになるでしょう。

　数字の肌感覚が身に付けば、あなたのマーケティング力は飛躍的に向上するはずです。そのためにも、「数字」をベースにした計画立案・実行・評価を心がけることが大事です。

Section 04 ビジネスにおける3つの共通言語

「数字」「ロジック」「情熱」が大切

　唐突ですが、筆者はビジネスにおける共通言語は「数字」「ロジック」そして「情熱」だと思っています。グローバル環境になると、これに「英語」が加わります。

　自分の伝えたい話をロジカルに組み立て、「数字」で誰が見ても納得する根拠を付け足し、そして、そのストーリーに自分の「情熱」をかぶせて話をする。このように「数字」と「ロジック」で作る論理、そしてその対極にある「情熱」の両方を兼ね備えることで、相手を納得させやすくなります。

　逆に言えば、「ロジックと数字」と「情熱」のどちらか片方だけでは物足りないということです。マーケティング担当者であれば、ぜひそのことを覚えておいてください。

　マーケティングの現場で多いのは、「数字とロジック」がなく、「情熱」だけで物事を説明するケースです。その話の要求内容が小さな金額の投資、発注ならそれでもよいかもしれませんが、大きな金額の投資、発注の場合は、やることの妥当性を裏付ける数字とロジックがないと、話は通らないでしょう。

　逆に「数字とロジック」はしっかりしているのに、「情熱」が欠けているために、「この人、話の内容はいいけどやる気があるのかな？ 任せても大丈夫かな？」と相手に不安を抱かせてしまうケースも少なくありません。

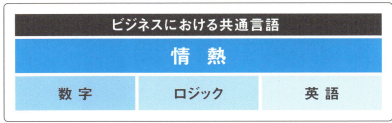

図1-5：ビジネスにおける共通言語

その施策は「課題」を解決するか？

　例えば、「店舗の売上が2年間下がり続けている」という課題を抱えているアパレル企業があるとします。売り場の責任者に解決策の提案を求められたマーケティング担当者が、「よくわからないけど、とりあえず雑誌やテレビに広告を出してみたら？」と言ったら、相手は納得するでしょうか。絶対に納得しないと思います。なぜなら、解決したい課題の分析、原因の追及をしておらず、「その施策によって本当に課題が解決するかどうか」がわからないからです（図1-6）。

　一方、別の担当者は、先の担当者のように課題への解決策を直感的に提案するのではなく、課題の分析のために、店舗の売上を下の3つの変数に分解し、それぞれの過去の変化を見てみました。

① 店舗への来店者数
② 購買率
③ 平均購買単価

図1-6：課題の分析がない提案の欠点

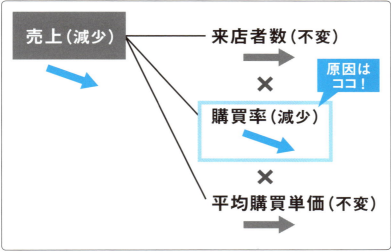

図1-7：課題の分析により「解決すべきこと」が見える

　その結果、①の「来店者数」と③の「平均購買単価」は変わっていないのに、②の「購買率」が下がっていることがわかりました（図1-7）。そこでその担当者は、購買率が下がっている原因を分析し、購買率を上げるための施策について数字を交えつつ提案しました。

　いかがでしょう。何の根拠もない「広告を出せば?」という提案よりは、説得力がありそうですよね。それは後者の担当者の提案が、課題の分析および数字に基づいたものであるからです。

「情熱」がなければ成功しない！

　そして、忘れてはいけないのは前述した「情熱」です。上記のマーケティング担当の提案を聞いている売り場の責任者は、2つのことが気になっているはずです。**1つは、「その提案は妥当性かどうか」であり、もう1つは「その担当者に任せても大丈夫かどうか」です。**

　「提案の妥当性」は、考えればわかります。他方、「その人に任せても大丈夫かどうか」は、考えれば答えが出るものではありません。担当者の実行力、実力はもちろん、「情熱」が大きな判断材料になると思います。

マーケティング担当者が情熱を持ってプレゼンし、相手との信頼関係を構築できれば、「この人ならミッションを完遂してくれそうだ」と感じてもらえます。

　「数字」と「ロジック」、「情熱」のどれもが欠かせない要素ですが、強いて言うなら、一番欠けてはいけないのは、「情熱」だと思います。**「情熱」がなかったら、どんなによいプロジェクトであっても、期待通りの成果は出ないものです。**

筆者が「共通言語」に気付いた理由

　さらにグローバル環境になると、冒頭にも述べた通り、ビジネスの共通言語に「英語」が加わります（厳密に言うと「英語」に限らず、「舞台となる環境で広く通用する言語」を指します。筆者の場合は英語だったので、ここではそう記します）。

　グローバル環境では、我々日本人が普通に思う常識が通用しないケースが多々あります。日本文化を知らない人たちにこちらの意図を伝えなければいけませんから、日本人以上に「数字」と「ロジック」を使って話を組み立てる必要があります。

　筆者が「数字」「ロジック」「情熱」「英語」が共通言語だと気付いたのも、外資系企業でアメリカ人の社長やロシア人のCMO（Chief Marketing Officer／マーケティングの責任者）に毎週プレゼンをしていたときでした。

　彼らには、「日本文化はこうなんですよ」と言っても通用しません。「じゃあ、それがわかる調査結果を数字で見せて」と言われて終わりです。ですから、相手に渡す資料には「これでもか」というくらいロジックと数字を盛り込みましたし、実際にプレゼンをするときは、「俺はこれをやりたいんだ！」と、暑苦しいくらいの情熱をぶつけていたものです。

Section 05 仕事は「やった量」ではなく「効率」を重視する

忙しいマーケティング担当だからこそ……

　以前筆者がロシア人のCMOのもとで働いていたのは前述した通りですが、彼がぽろっと言ったことを今でも覚えています。

　半年に1回行う人事考課面接で、彼の部下たちは「どれだけ仕事を夜遅くまでやったか」をアピールしていたそうです。そこで彼は、「大切なのはどれだけ遅くまでやったかじゃないんだよ。効率なんだよ!」と話してくれたのです。

　「仕事は量ではなく効率と質が大事」……誰もが、頭の中ではわかっていることでしょう。でも、実務において、実際に「効率と質を追求できているか」というと、多くの人に疑問符が付くのではないでしょうか。

　筆者自身も、かつては夜遅くまで仕事をすることを普通に思っていました。特にマーケティング予算作成のときなどは、連日深夜まで働いていたものです。

　しかし、少し考えればわかることですが、夜遅くまで作業しても、よいことはあまりありません。深夜まで働くと寝不足になったり、頭が興奮して睡眠の質が落ちたりするため、翌日のコンディションに悪影響が出ます。また、作業が深夜におよぶと集中力も低下していき、仕事の質が落ちます。結果として「いい仕事ができない」→「ダラダラと残業する」という悪いサイクルに突入しかねません。

　以前筆者がお会いしたある社長は、必ず18時には帰宅し、家族と一緒に晩御飯を食べ、21時には就寝するそうです。もちろん、その時点で仕事が終わっているとは限りません。ですから、彼は朝の3時に起きて、7時までの4時間で仕事を片付けるそうです。彼は「朝に仕事をすると、脳がリフレッシュされているし、『7時まで』という期限があるので集中してよい仕事が

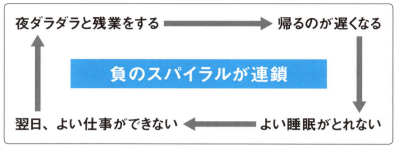

図1-8：残業の負のスパイラル

できる」と言っていました。

　筆者自身、執筆や講座作りの作業は早朝に行い、夜は早く寝てしまいます。実際、夜に仕事をしていたころより、効率的に仕事ができていると実感しています。

　身体組織の成長と代謝をコントロールする成長ホルモンは、夜22時〜2時の間に寝ていることで分泌されるそうです。成長ホルモンの分泌が睡眠不足で減ると、「疲れがとれない」「病気への抵抗力が下がる」「肌の老化」「脂肪の増加（太りやすくなる）」などの症状が出てくるようです。みなさん、思い当たる節はありませんか？

仕事を効率化する3つの方法

　マーケティングという仕事の業務内容は多岐にわたるため、限られた時間内でどうやって想定以上の成果を上げるかを考えなくてはなりません。

　加えて、仕事している時間の中でどれだけ集中できるかが大事です。例えば筆者は、19時以降になると集中力の低下を感じますから、それまでに仕事を片付けるようにしています。

　具体的には、筆者は次に紹介する3つのことを行っています。

①タスクリストを作る

　その日にやるタスクの一覧を手帳に書き出します。机に付箋を貼ったり、タスク管理ソフトを使用したりしている人もいるでしょう。

タスクリストを作るのは前の日がいいと言われています（夜に脳が次の日のタスクを反芻するみたいです）。筆者も、前日の仕事終わりに翌日のタスクリストを書くのが好きです。

なお、**筆者はタスクを洗い出す際は、「重要度」と「緊急度」の2軸で分類しています。**これにより、タスクをより効率的にこなせるようになるはずです。もっと詳しく知りたい人は、スティーブン・R・コヴィーの世界的ベストセラー『7つの習慣』に詳述されていますので、ぜひご一読ください。

[②優先順位を付けて、高いものから片付ける]

タスクリスクを書いたら、各タスクに優先順位を付けます。筆者はA、B、Cの3段階で優先順位を付けています。

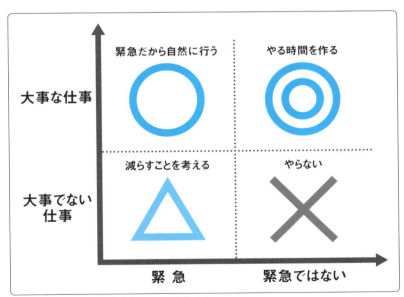

図1-9：「重要度」と「緊急度」でタスクを分ける

Aは「その日にやらなければいけないもの」、Bは「翌日でもいいもの」、Cは「1週間以内にやればいいもの」です。Aの中でも特に優先度が高いものは「A+」と書いたりすることもあります。

[③思い切ってリフレッシュする]

脳みそも体もクタクタに疲れているけど、「どうしてももうひと踏ん張りが必要」ということも少なくありません。

そんなとき、筆者は無理をせず、思い切ってリフレッシュするようにしています。筆者の場合、5分ぐらいヨガをするか、20分程度昼寝をすることが多いです。

それでも頭がリフレッシュしないときは、本当にその仕事が今日中にやらなくていい場合に限って、翌日に持ち越してしまいます。時には、そのくらい割り切ったほうが、結果としてよいことも多いです。

既婚女性の働き方を参考に？

この3つの作業ができたら、その日に終わらせないといけないタスクからバシバシと片付けていきます。

話は少し脱線しますが、筆者の周囲には、バリバリ仕事をこなす既婚女性がたくさんいます。

彼女たちは、子供を迎えに行くために、毎日16時か17時には退社します。時間的制約があるぶん、明らかに効率よく、集中して働いており、「時間の使い方がうまいな」といつも感心しています。もちろん、彼女たちにも苦労は多いのでしょうが、人間は多少なりとも制約があったほうが、よい仕事をできるのかもしれません。

1日に与えられている時間は、誰もが平等に「24時間」です。**その限られた時間の中で、どれほどの成果を出せるかは、人それぞれの時間の使い方にかかっています。**より少ない時間で成果を出せるよう、「効率的に時間を使う」という姿勢を忘れないようにしてください。

Section 06 まずは「Low Hanging Fruit」を探せ！

「やるべきミッション」に集中する

　筆者の現在の上司は、サンフランシスコに住んでいます。イタリア系アメリカ人で、情熱的かつとても温かい人です。

　筆者は彼から多くのことを学びました。その1つが、「成果を上げるためには、やるべきことを決め、そのミッションに集中すること」です。

　筆者は今勤務している会社に、「日本のマーケティング担当」として入社しました。当時は日本オフィスの人数が少なく、マーケティング担当は筆者1人だったので、本当に手広く、1人で何でもやっていました。

　ただ、なかなか成果が上がらず苦しんでいたとき、彼から「『やるべきこと』を決め、それに集中しないと、どんなに優秀な人でも成果を出しにくくなる」と言われたのです。

　確かに当時は、「あれもこれもやりたい」という思いが先走り、どれもが中途半端に終わっていたように思います。

　その後、マーケティング担当者がもう1人入社してくれたこともあったのですが、「やるべきこと」を定めて集中して取り組んだ結果、徐々に成果が上がるようになりました。

　「いろいろなことをやりたい」という意欲はもちろん大事です。ただ、「二兎を追う者は一兎をも得ず」ではないですが、「意欲」が「成果」につながらなければ意味がありません。

　やるべき業務に集中すれば、より多くのことを考え、実行し、検証をすることができます。

　その意味でも、**やるべきことを選択し、集中して取り組むことが大事になるのです。**

Chapter 01 マーケティング業務の概要

少ない手間で最大限の成果を

もう1つ、筆者の上司がよく言うのが、「Low Hanging Fruitを探せ！」ということです。**「Low Hanging Fruit」とは、低いところにぶら下がっているフルーツのことで、「大きな努力をしなくても成果が上げられるもの」を指します。**

どのようなプロジェクトにおいても、実行プランを考えるときは、筆者はこの「Low Hanging Fruit」を探すことに注力します。そして、見つかった「Low Hanging Fruit」から実行していきます。

逆に避けなければならないのは、冒頭の筆者の話ではないですが、「計画なく、手当たり次第に目の前のことを行うこと」です。

そうなると、「大変な作業だけど、成果が小さいもの」に時間を取られることになりかねません。

具体的には、タスクやプロジェクトを考えるときは、思い浮かぶ施策を次の4つに分類するとよいと思います。

> **①実施が簡単で、成果が大きいもの**
> **②実施が大変だけど、成果が上がるもの**
> **③実施が簡単で、成果が小さいもの**
> **④実施が大変で、成果も小さいもの**

筆者の場合、この4つの分類のうち、①と②は実行プランに入れますが、③と④は入れません。成果が小さいものに労力をかけるのは非効率的だと考えるからです。

また、これとは別の視点で、「短期的な成果」と「中期的な成果」も考えるようにしてください。短期的に成果が上がる施策も当然必要ですが、並行して中期的な成果を作る施策を行うべきです。短期的な成果ばかり追い求めると、目先の作業だけにとらわれ、将来行き詰まることになるからです。

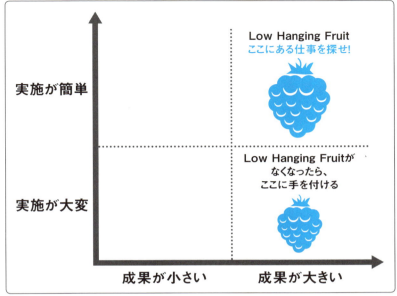
図1-10:「Low Hanging Fruit」を探す

　まとめると、タスク・プロジェクトを考えるときは、次のものから実行するとよいでしょう。

①簡単で成果が大きいもの
②簡単じゃないけど、成果が上がるもの
③すぐに成果が出ないが、将来大きな成果を上げるもの

　このうち、①が「Low Hanging Fruit」ということになるのですが、筆者は常にこの「Low Hanging Fruit」を探して、それを行うようにしているわけです。

同僚をジャッジするのではなく「助ける」

　話は少し脱線しますが、筆者が今の上司から教わって大切にしていることが、実はもう1つあります。それは、「仲間、周りの人を助けること」です。

筆者の上司や同僚たちは、ミーティングをすると、いつも「何か助けられることはないか？」と聞いてきます。そして、筆者が「こういうことを助けて欲しい」と話すと、本当に助けてくれるのです。いつしか、筆者も同じように、上司や同僚に対して「何か困ったことがあれば助けよう」と思えるようになりました。

　人間は、誰かがやったことに対し、「これはよくないから、こう直したほうがよいのではないか」というように、相手をジャッジしてしまいがちです。

　しかし、相手をジャッジするのではなく、「困っているのだから、話を聞いて、自分にできることを探してあげよう」という気持ちを持つほうが、絶対によいと思います。そのほうが、仕事はもちろん、職場の人間関係もうまく行くからです。

　話を元に戻すと、仕事において「Low Hanging Fruit」を見つけるためには、ロジックと数値で現状を見て分析をする必要があります。

　そして、そのために必要となるのが、この後本書で詳しく解説する「数字思考力」と「EXCEL力」なのです。

第 2 部
基礎知識 編

Chapter 02

できるマーケティング担当者への近道

マーケティングの業務を高いレベルで遂行するために、
いくつか身に付けておくべき能力や考え方があります。
本書のテーマである「数字思考力」や「EXCEL力」も、
もちろんその1つです。それらの能力や考え方を身に付けることが、
「できるマーケティング担当者」への近道となります。

Section 01 マーケティング担当者が持つべき思考法

マーケティング担当者に必要な能力

「できるマーケティング担当者」とは、どういう人なのでしょうか。筆者が定義するならば、「売上効率を著しく上げる仕組みを作れる人」、または「仕組みが作る売上効率を著しく上げることができる人」を指します。

一言で「売上を上げる仕組みを作る」「売上効率を上げる」と言っても、「マーケティング」という業務は多岐にわたりますから、そのためのアプローチは、取り扱う商品の特性や客層、担当者の役割次第で変わってきます。ただ、どのようなマーケティング業務であれ、必要とする能力は同じです。具体的には、次のような能力が求められると思います。

右脳系
　→**ユーザーの立場で考える力**
　→**さらにユーザーの先を行く洞察力**
左脳系
　→**仮説思考力**
　→**数字思考力**
　→**論理思考力**

当然ですが、最初からこれら全ての能力を高いレベルで備えている人はいません。でも、これらの能力がどんなものなのかを知り、能力を磨くことを心がければ、少しずつ力が身に付いていくはずです。

そこでここからは、それぞれの能力について、もう少し詳しく解説していくことにします。

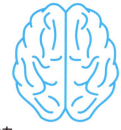

左脳系
- 仮説思考力
- 数字思考力
- 論理思考力

右脳系
- ユーザーの立場で考える力
- さらにユーザーの先を行く洞察力

図2-1：右脳系の能力と左脳系の能力

右脳系① ユーザーの立場で考える力

「ユーザーの立場で考える力」とは、文字通り想定するターゲットユーザーの目線、立場でどれだけ考えられるかという力です。これは「気付き」と「想像力」の合わせ技です。

「気付き」という面で言うと、人間は、自然と「自分の立場」で物事を考えがちです。しかし、企画やコンテンツを考えるときは、「自分はこう思うけど、ユーザーはどう思うんだろう」と「気付く」必要があります。この「気付き」を繰り返していると、自然とユーザーの立場で考えることが習慣になっていきます。

次の「想像力」ですが、これは実際にユーザーになったことを想像して、「ユーザーはどう思うか」「どのような行動をするのか」を感じ、考えてみることです。ここでのポイントは、実際のユーザーを具体的に定義することです。その際に役立つのが「ペルソナ」です。ペルソナとは、既存客などのインタビュー、調査に基づいた架空の理想のお客様像です。ペルソナは「30代男性社会人」というような曖昧な定義ではなく、もっと掘り下げて考える必要があります。

例えば、筆者が婚約指輪のマーケティング担当者だったとするならば、ターゲットユーザーとして、次のようなペルソナを作ります。

A君、30歳男性社会人。年収600万円、従業員2000人の日系企業で新卒時から勤務。前の部署で一緒だった2年後輩の女性社員と付き合って2年。30歳を迎えて今後の人生プランを考えたが、子供のことなども考えると、そろそろ結婚すべきタイミングであると感じている。今の彼女と結婚したいとも思っているので、2ヶ月後の彼女の誕生日にプロポーズし、その場で婚約指輪を渡すことを決めた。でも、どんな婚約指輪を選べばよいかわからないので、平日の夜は、帰宅したら大抵スマートフォンで「婚約指輪」と検索している。

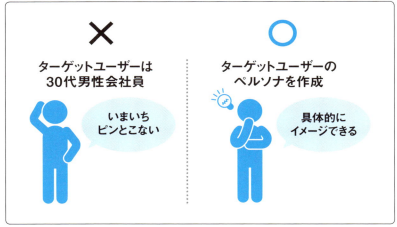

図2-2：ターゲットのペルソナを想像する

このようにペルソナを作ってみると、ユーザーの立場で物事を考えたり、感じたりしやすくなりますよね。

右脳系② さらにユーザーの先を行く洞察力

ペルソナを作り、ユーザーの立場で考えることができたら、もう一歩踏み込んで考えてみましょう。**その際に大切になるのが、「ユーザー自身も気付いていない潜在ニーズ」を推測する洞察力です。**これがあると素晴ら

しいです。

先ほどの婚約指輪の例で考えてみましょう。A君は婚約指輪について調べています。彼が知りたいことは、「婚約指輪はどんなものがあるのか」「どうやって選べばよいのか」「他の人たちはいくらぐらい指輪に費やすのか」「人気の婚約指輪ランキング」などでしょう。ここまでは、比較的簡単に思い浮かぶはずです。

しかし、これをさらに掘り下げて考えてみましょう。A君の最終目的は「婚約指輪を買うこと」ではなく、「プロポーズを成功させること」です。ですから、婚約指輪は「他人に人気のもの」ではなく、「彼女が気に入ってくれそうなもの」を選ばなくてはなりません。また、できればプロポーズは、サプライズを持って行いたいのではないでしょうか。そのようなことを踏まえると、次のような企画を思い浮かべることができます。

- プロポーズを成功させるために知っておきたいこと
- 彼女が好きそうな指輪を見分ける方法
- 彼女の指のサイズを気付かれずに知る方法

このようにユーザーの立場を突き詰めて考えることで、「ユーザー自身も気付いていないけど、実は知りたいこと」が見えてきます。ここを考えるのが、マーケティングの醍醐味です。

左脳系① 仮説思考力

続いて、左脳系の能力も見てみましょう。まずは「仮説思考力」です。仮説思考とは、何か課題に取り組むときに、その時点で考えられる「仮の結論」を置いて考える方法です。

例えば「お店の売上が減っている」という課題があるとして、考えられる「売上減少の原因」を全て調べていたら、膨大な時間がかかってしまいます。そこで、「原因はプロモーションと競合店舗の増加にあるのではないか」というように、あらかじめ原因に当たりをつけて、それを検証するのです。そうすることで、短い時間で結論に至ります。

筆者と懇意のコンサルタントは、「妄想にロジックを足すと仮説になる」と言ってましたが、これはとてもわかりやすい説明だと思います。

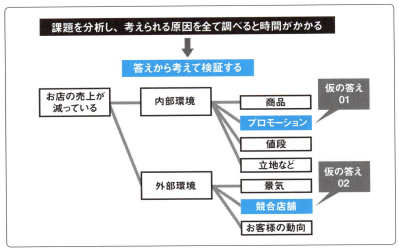

図2-3：答えから考えて検証する「仮説思考」

左脳系② 数字思考力

　左脳系の2つ目の能力は、本書のメインテーマでもある「数字思考力」です。数字思考力とは、「物事を論理的に構造化して数字に落とし込んでいく力」です。……と言うと難しく感じるかもしれませんが、**要は「物事を数字ベースで考える力」と理解してください。**

　例えば、ラーメン店の1日の売上を考えると、売上は図2-4のように分解できます。

　この分解式ができたら、各項目に数字を当てはめると、図2-5のように1日の売上が算出できます。

　このように物事を分解して、数値を当てはめていくことで、より大きな数値も推定できるようになります。また、分解した因数に実際の数値を当てはめていけば、売上などの最終的な数字も算出できます。数字思考力を鍛える方法などについては、P.50で詳しく解説します。

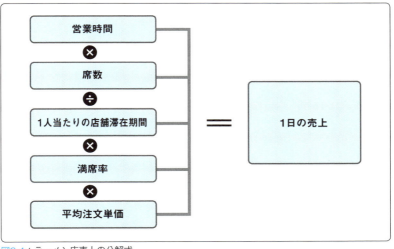

図2-4:ラーメン店売上の分解式

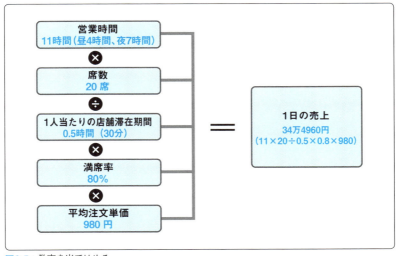

図2-5:数字を当てはめる

左脳系③ 論理思考力

　左脳系の最後の能力は「論理思考力」です。論理思考の定義は、次のようなものです。

論理思考とは、
　①事実や誰もが認める事柄に基づいた根拠によって
　②結論に至る展開の筋道につながりを持ち
　③目的に合った明確な結論を導出するための思考である。
　出典：ロジカルシンキング研修.com

簡単に言い換えると、**論理思考は「誰もがわかる形で話ができ、自分の言いたいことを伝えられる力」ということです。**

筆者はかつてこの論理思考力が全くなく、仕事で怒られてばかりの日々を送っていました。それから論理思考を学び、練習し続けることで、少しずつ論理思考力が身に付いてきました。論理思考力を磨いた後は、仕事の質が明らかに向上したので、「練習してよかった」と感じたものです。

なお、この論理思考には、「演繹法」と「帰納法」の2つの方法がありますので、それぞれについて簡単に解説しておきます。

[演繹法]

「演繹法」とは、「A=B、B=CならばA=Cである」という論理の組み立てです。例えば、「A=B：広告を出すと訪問者が増える」「B=C：訪問者が増えると購買数が増える」「A=C：よって、広告を出せば、購買数が増える」という具合です。

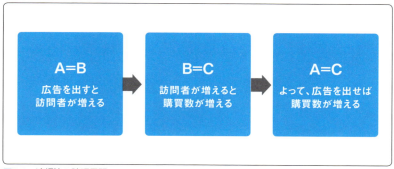

図2-6：演繹法の論理展開

[帰納法]

一方、帰納法は、「A=D、B=D、C=Dであるならば、A、B、Cに共通するEはDである」という論理展開の方法です。

例えば、「A→D：チラシに利用者のコメントを写真付きで掲載したら購買率が上がった」「B→D：チラシに有権者のコメントを写真付きで掲載したら購買率が上がった」「C→D：チラシに開発者のコメントを写真付きで掲載したら購買率が上がった」「E→D：よって、チラシに人のコメントと写真を掲載すると購買率が上がる」という具合です。つまり、A、B、Cに共通する事項（E）から結論（D）を導き出すわけですね。

ところで、このような演繹法、帰納法の考え方を覚えたからと言って、すぐ論理思考ができるようになるわけではありません。**論理思考は覚えるものではなく、自分の頭に新しい思考パターンを身に付けさせるものです。**ですから、一朝一夕に体得できるものではなく、繰り返し練習をすることで、少しずつ頭に覚えさせていかなければなりません。

ただ、一度身に付ければ、日々この思考に則って考えることで、論理思考力は強化されていくはずです。

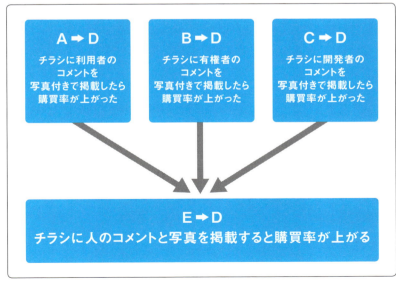

図2-7：帰納法の論理展開

クリエイティブな仕事をするために

ここまで、「ユーザーの立場で考える力」「さらにユーザーの先を行く洞察力」「仮説思考力」「数字思考力」「論理思考力」の5つの能力を紹介してきました。

マーケティング担当者は、これらの能力全てを結集し、クリエイティブに仕事をしていくことを心がけなくてはなりません。クリエイティブな仕事とは、つまり創造的な仕事ということです。

京セラの創業者の稲森和夫は、よりよい仕事をするための哲学として、常に創造的な仕事をすることを挙げています。平易な言葉で素晴らしいことを言っているので、ここで紹介します。

常に創造的な仕事をする

一生懸命取り組みながらも、常にこれでいいのか、ということを毎日毎日考え、反省し、そして改善、改良していくことが大切です。決して昨日と同じことを漫然と繰り返していてはいけません。毎日の仕事の中で、「これでいいのか」ということを常に考え、同時に「なぜ」という疑問を持ち、昨日よりは今日、今日よりは明日と、与えられた仕事に対し、改善、改良を考え続けることが創造的な仕事へとつながっていきます。

稲盛和夫 OFFICIAL SITE より引用

筆者は「クリエイティブな仕事」というのは、「何かを自らの手で作ること」だと思っていました。しかしこの言葉に出会い、**クリエイティブな仕事をすることは、「仕事に対する姿勢を考え続けること」なのだと理解できました**。みなさんも、マーケティング担当者として、ぜひ覚えておいてほしいと思います。

Section 02 マーケティング初心者が心がけるべきこと

いい「スタートダッシュ」を切るために

　「できるマーケティング担当者」が持つべき能力を紹介しましたが、それらを全て身に付けるのは容易なことではありません。マーケティングの経験が浅い初心者なら、なおさらのことでしょう。

　ただ、初心者であっても、せっかくマーケティング業務に携わることになったのなら、一刻も早く「できるマーケティング担当者」になりたいはずです。

　筆者は、業務経験が浅いうちは、「数字思考力」を重視して仕事をするのが、業務をこなす近道と思っています。初心者ですから、熟練マーケターのような「経験値」がありません。**「経験」に頼って仕事ができないぶん、「数字」に頼って仕事をするべきだと思うのです。**

　ちょっとしたケーススタディで考えてみましょう。

　スポーツジムを経営する会社のマーケティング部に配属された山田君。配属早々、マーケティング部に「登録会員数が伸び悩んでいるから、会員数を伸ばしてくれ」というざっくりした課題が降りかかってきました。

　「お前も何か考えてみろ」と上司に言われましたが、山田君は経験がないので、先輩たちのように「どのような施策をしたらどのくらい会員数が伸びるのか」がさっぱりわかりません。

　そこで山田君は、とりあえず現状を把握することから始めることにしました。会員数は「前月の会員数−退会数＋新規獲得会員数」のはず。そこで、まずは先輩たちが過去に行った施策を「新規会員を増やすキャンペーン」と「退会数を減らすキャンペーン」の2つに分類してみました。

　また、これまでどのようなキャンペーンを行ったのかを先輩たちにいくつか教えてもらって分類し（図2-8）、月別に新規会員数と退会者数を並べ

```
新規会員数を増やすキャンペーン          退会数を減らすキャンペーン

・今なら入会金無料! 最初の3ヶ月の利    ・1年続けてくれたあなたへの感謝のプレ
  用料が半額!                            ゼント (オリジナルウォーターボトル
・お得なトライアルセット                  プレゼント)
・今始めたら、半年のボディカウンセリン  ・3年続けてくれたあなたに無料身体カ
  グが無料! 身体が変わるのを実感でき      ウンセリングとお好きなアイテムプレゼ
  る!                                    ント
・新生活応援キャンペーン (カード発行    ・身体強化月間! 目的別無料カウンセリ
  手数料無料、4月の施設利用料無料、      ング実施!
  トレーニングクーポン5000円ぶんプレゼ  ・手ぶらでOKフルレンタルサービス
  ント)                                ・春スポ応援キャンペーン (今だけお得な
                                         レッスン価格)
```

図2-8：新規会員数を増やすキャンペーン、退会数を減らすキャンペーン

て、キャンペーン実施月との関係をグラフ化してみました（図2-9）

　すると、山田君は「入会キャンペーンをしないと新規会員獲得が下がること」「退会率を下げるキャンペーンはさほど効果がなさそうなこと」に気付きます。そこで、会員データベースを見て月間利用者数と退会、継続の関係について調べてみたところ、図2-10のようなことがわかりました。

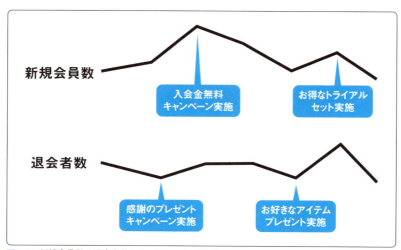

図2-9：新規会員数＆退会者数とキャンペーンの関係

```
月の利用が「4回以上」の人    ➡ 全体の5%。そのうち95%が1年後まで継続
月の利用が「3.0回〜3.9回」の人 ➡ 全体の15%。そのうち70%が1年後まで継続
月の利用が「2.0回〜2.9回」の人 ➡ 全体の20%。そのうち50%が1年後まで継続
月の利用が「1.0回〜1.9回」の人 ➡ 全体の35%。そのうち65%が1年以内に退会
月の利用が「0.5回以下」の人   ➡ 全体の25%。そのうち90%が1年以内に退会
```

図2-10：月間利用者数と退会、継続の関係

ここまでの調査結果を上司に見せると、「何となく肌感覚でわかっていたけど、具体的に数字で調べたことはなかったよ」と感心してくれ、さらに、「新規獲得キャンペーンをやらないと獲得会員数が少ないのはわかったけど、どうしたらいいと思う？もう少し分析を掘り下げて、具体的な施策を考えてくれないか？」と言ってもらえました。

そこで山田君は、具体的な施策を検討するために、会員を「月の利用が3回以上の満足度の高い人」と、「月の利用が2回以下の満足度の低い人」の2つに分類してみることにしました。

なぜなら、「月の利用が3回以上の人」と同じニーズ、ライフスタイルの人を新規会員として獲得できれば継続利用につながり、「月の利用が2回以下の人」の顧客満足度を上げれば、「退会」を防ぐことにつながると推測したからです。

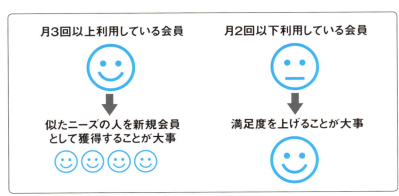

図2-11：満足度の高い人、低い人に分類して対策を考える

隣の先輩に相談したところ、「月3回以上利用している人たちは、自分の身体が引き締まって、体型が変わっていくのを見るのを楽しんでいるんだよ。だからジム通いが続いているんだ」と教えてくれました。

　そこで山田君は、ジムへの来訪回数によって、内容を変えたメールマガジンを会員に送付することを上司に提案しました。具体的には、多く訪問している人には、3ヶ月に1通程度の頻度でキャンペーンを告知するメールを、一方月に利用が2回以下の会員には、自分の目指す身体を手に入れるために役立つ情報を書いたメールを、週に1回送付するのです。

　上司の許諾を得てメールを配信したところ、月の利用が2回以下だった会員の何割かが、3回以上ジムに来てくれるようになったことを確認できました。上司は山田君の働きを評価し、次はもっと大きな案件に参加させることを約束してくれました。

　……いかがでしょうか。この山田君の事例は、決して荒唐無稽なお話ではありません。思い付くまま、手当たり次第マーケティングを行っていた会社が、論理的に分析をしてマーケティングを進めるようにしたことで、成果が向上したケースは少なくないからです。

　冒頭に解説した通り、マーケティング初心者は「経験則」がありません。しかし、山田君のように数字をベースに分析をすれば、新たな発見を得たり、発見したことに対する対策を考えることができるようになります。そして、それがあなたの企画につながっていくはずです。

自分でも貢献できそうなフィールドで勝負を

　余談ですが、筆者の知り合いに、米国のビジネススクールを卒業し、米国でコンサルティングファームに入社した人がいます。

　彼は当時、英語による口頭でのプレゼンでは同僚に太刀打ちできないので、数字とロジックを使った分析、言わば「左脳系の能力」を使うことを最大限に意識したそうです。そしてそれが、自分が厳しい米国のコンサルティングファームで生き残れた要因と言ってました。

　彼はそれから経験と実績を積み、筆者が出会ったときには、日本支社の

社長にまで上り詰めていました。今では、「論理的なこと」は部下が考えてくれるので、ロジックを気にせず、右脳系の発想をバンバン活用して仕事をしているそうです。

　マーケティング初心者は「数字思考」を大事にすべきだと述べましたが、最も大切なのは、そのときそのときで「自分が戦える土俵はどこか」ということを見極め、そこで勝負することです。経験則で貢献できないのであれば、その他のところ、**自分でも貢献できそうなフィールドで役立つことを考えるのが、初心者が成果を生み出す秘訣です。**最初は小さな成功であっても、その「成功体験」の積み重ねが、やがて大きな成功を生むことにつながるはずです。

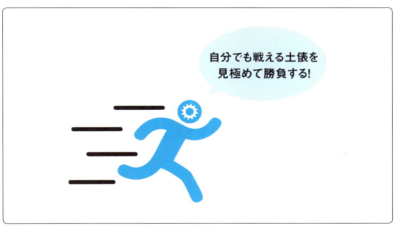

図2-12：初心者がスタートダッシュを成功させるために

Section 03 マーケティング担当者に必要な「数字思考力」って?

前節やP.36でも触れましたが、マーケティング担当者には「数字思考力」が絶対に必要だと思います。数字思考力とは、物事を論理的に分解し、分解した各要素に数字を当てはめていく考え方です。

数字思考の最初のステップは、物事を論理的に分解することから始まります。このとき、物事を「モレなく、ダブりなく」分解することが大事です。モレなくダブりないことをMECE（ミッシー／ミーシー：Mutually Exclusive, Collectively Exhaustive）と言いますが、このMECEを意識しなければ、正しい数字思考が行えません。

物事を分解したら、次に分解した各要素に数字を当てはめます。分解した要素に数字が当てはめられない場合は、さらに分解します。P.37で、「ラーメン店の1ヶ月の売上」を例に数字思考力の考え方を簡単に説明しましたが、同じラーメン店の例で、もう少し詳細に数字思考のプロセスを紹介しましょう。

まず、「ラーメン店の1ヶ月の売上」をざっくり分解してみます。すると、図2-13のように分解できます。

次に、「1日の客数」「平均購買単価」「営業日数」に現実的な数値を当てはめられるかどうかを考えてみます。「営業日数」は自分で決められるので、問題ないですね。ここでは「25日」としておきましょう。「平均購買単価」

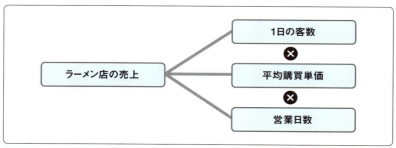

図2-13：ラーメン店の1ヶ月の売上

も、自分が考える「ラーメン1杯の単価」があるので、何とかなりそうですね。ここでは「980円」としておきましょうか。

ただ「1日の客数」は、ちょっと難しいです。想像で「○人くらいだろう」で決めては意味がないので、もう少し分解が必要だと思われます。ということで、「1日の客数」をさらに分解してみましょう。

「1日の客数」はいくつかの視点で分解できますが、ここでは「①お店が対応できる最大の客数」と「②立地から想定できる客数」の2つの視点で分解してみます。まず、「①お店が対応できる最大の客数」は、図2-14のように分解できます。一方「②立地から想定できる客数」は、図2-15のように分解できます。

ここまで分解すれば、各要素に数字を埋めることができそうです。では、「1日の客数」を「①お店が対応できる最大の客数」としたパターンと、「②

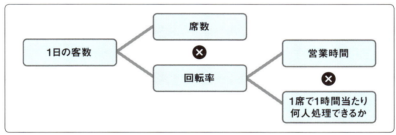

図2-14：1日の客数①（お店が対応できる最大の客数）

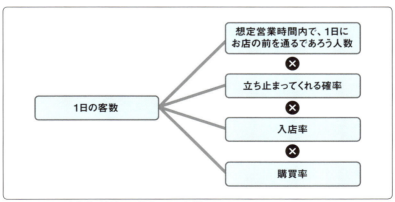

図2-15：1日の客数②（立地から想定できる客数）

立地から想定できる客数」にしたパターンのそれぞれで、このラーメン店の1ヶ月の売上を計算してみましょう（図2-16、図2-17）。

図2-16と図2-17を見比べると、図2-17の「立地から想定できる客数」で試算したパターンのほうが、現実的な数字のように見えます。

この売上で利益が足りないようなら、売上を増やすかコストを減らすかして、利益を増やすことを考えることになります。

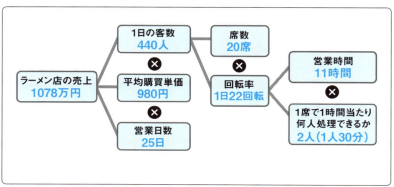

図2-16：ラーメン店の1ヶ月の売上試算①

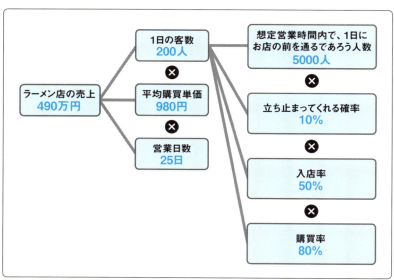

図2-17：ラーメン店の1ヶ月の売上試算②

また、利益を増やしたいなら、次の変数のうち、どれかを増やさなければならないということがわかりますね。

- 想定営業時間内で、1日にお店の前を通るであろう人数：5000人
- 立ち止まってくれる確率：10%
- 入店率：50%
- 購買率：80%
- 平均購買単価：980円

上記の変数を上げることが難しい場合は、そもそもの「立地」を考え直すことも検討しなければならないかもしれません。

このように、要素を分解することで、「売上を増やす」「コストを減らす」などの課題に取り組むときに、どこの変数を上げたらいいのかを検討しやすくなります。やみくもに「売上を上げよう！」と言っても、**「具体的に何をしたらいいのかわからない」** という状態で行動すると、**「一生懸命仕事をしているのに成果が出ない」** ということになりかねません。逆に、要素を分解していれば、「通行人が立ち止まってくれる確率を上げる」とか「入店率を上げる」というふうに、売上を上げるための施策を明確化することができるわけです。

数字思考力の獲得には様々なメリットがある

数字思考力を鍛え、物事を構造化して見られるようになると、業務で何らかの取り組みをしているときに**「この施策はどの変数を変えようとしているのか」を意識して仕事をできるようになります。**

全体における施策の立ち位置もわかりますし、「全体の成果を上げるために他の変数を上げることはできないか」という視点も持つことができるでしょう。また、その施策について誰かに説明するときも、必要性や効果についてわかりやすく伝えることができるため、相手を納得させやすくなるはずです。

このように、数字思考力を身に付けることには様々なメリットがあるのです。

Section 04 数字思考力を身に付ける方法

物事の「分解力」が必要

　数字思考力は、どうすれば身に付くのでしょうか。残念ながら、人間の脳は生まれつき論理的に考えるようにはできていません。

　P.39で「論理思考」について解説したとき、「論理思考は一朝一夕に体得できるものではなく、繰り返し練習をすることで少しずつ身に付けなければならない」と述べましたが、これは数字思考も同様です。練習を重ね、少しずつ頭の中の思考回路を改造していくしかありません。

　ただ**「誰もができるものではない」ということは、逆に言えば数字思考力を身に付ければ、あなたの価値はグンと高まるということです。**

　では、何をどのように練習すれば、数字思考力が身に付くのでしょうか。P.46でも述べた通り、数字思考の最初のステップは、物事をモレなく、ダブリなく分解することです。実はここが一番難しいところであり、練習が必要な部分でもあります。逆に分解することさえできれば、後は自分の肌感覚、実績などから数字を当てはめていけばよいだけです。

　そこでここからは、「分解力」の鍛え方について紹介しましょう。

分解のテンプレートを使う

　初心者にとって最も手っ取り早い方法は、**「売上」「利益」「会員数」「アクティブユーザー数」など、ビジネスシーンで頻出する主な変数について、あらかじめ自分のビジネス、あるいは課題に当てはまる形でテンプレートを用意しておくやり方です。**後はテンプレートに実際の数字を入れていくだけなので、初心者でも簡単に数字思考が行えます。まずはこのやり方で、要素分解の肌感覚を身に付けるとよいでしょう。

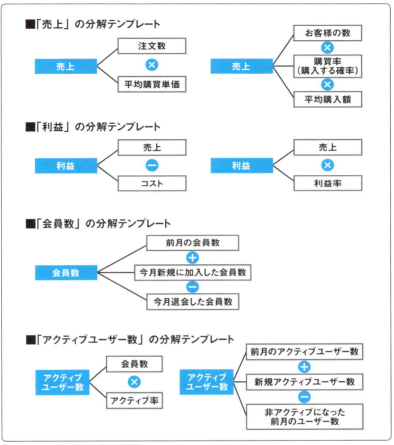

図2-18:分解式のテンプレート例

自分で分解式を作る

テンプレートを使う方法は便利ですが、時にはテンプレートにない変数が出てくることもあるはずです。また、全てのテンプレートをいちいち覚えるのは大変なので、ある程度慣れたら自分で分解式を作れるようになることを目指してください。

自分で分解式を作るときに考えることは3つあります。「①何を分解するのか」「②切り口」「③細かさ」です。それぞれについて解説します。

[**①何を分解するのか**]

　まず、「自分が最終的に求めたいものは何か」を決めます。「売上」「利益」「会員数」などになるケースが多いでしょう。

[**②切り口**]

　続いて、求めたい変数をどのような切り口で切るのかを考えます。様々な切り口が考えられるので、あれこれ試して練習すると、「よい切り口」を見つけられるようになるはずです。

[**③細かさ**]

　「細かさ」とは、求めたい変数をどれぐらい細かく分解すればいいのかということです。分解を細かくしていくと、もっと細かなことが見えてきすが、手間も増えます。なので細かさについては、自分が何を知りたいのかによって調整してください。

分解の切り口で「見えるもの」が違う

　事例で考えてみましょう、例えば、スーパーマーケット1店舗の1ヶ月の売上を見たいとします。この場合、「①何を分解するのか」は「売上」ということになりますね。

　次に「②切り口」です。様々なパターンが考えられますが、まずは「スーパーマーケットに来るお客様の数」から分解する切り口で考えてみましょう（図2-19）。図2-19の分解式を見るに、筆者はスーパーマーケットに来店したお客様の購買率は、とても高いと想像します。ですから、筆者がこのスーパーのマーケティング担当者であれば、売上を伸ばすための施策として、「お客様の来店者数」と「平均購買単価」をどうやって伸ばすかを考えると思います。

　さて、話を元に戻し、今度は別の切り口、「商品カテゴリー」で売上を分解した例も紹介しておきましょう（図2-20）。

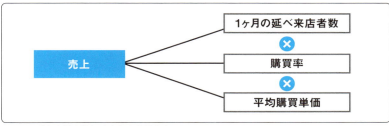

図2-19:「お客様の数」で売上を分解する

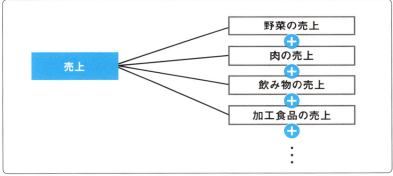

図2-20:「商品カテゴリー」で売上を分解する

　商品カテゴリーごとに切ると、それぞれのカテゴリーごとの売上規模が見えてくるはずです。筆者なら、売上の大きい商品カテゴリーのトップ3を把握し、それらの売上を増やすことをまずは考えると思います。

　「スーパーに来るお客様の数」と「商品カテゴリー」の2つの切り口で利益を分解してみましたが、分解式によって見えてくることが変わることが理解できるのではないでしょうか。

切り口が見つからないときは……

　分解する切り口が見つからないときは、「5W1H」を思い浮かべながら切り口を探すのも1つの手です（図2-21）。

　また、売上が上がるまでの「プロセス」に着目し、プロセスに乗って分解していくのも有効です（図2-22）。

5W1H	切り口	例
What：何を	スーパーの利益を商品カテゴリーで分解	野菜、肉、惣菜…
Where：どこ	●・・スーパーマーケットの中の棚の場所で分類、または床からの高さごとに分類 ●・・スーパーマーケット100店舗の売上を地域ごとに分解	東京都、神奈川県、埼玉県…
When：いつ	1年間の売上を月ごとに分解	1月、2月、3月…
Who：誰が	買っているお客様の性別、年代別利益を分解	女性　10代、20代、30代…
Why：なぜ	購買動機別に分解	家族（3人以上）の食事の食材購入、夫婦の食事の食材購入、自分だけの食事の購入…
How much：いくら	購入金額別に分解	1000円未満、1000円以上～3000円未満、3000円以上～5000円未満…

図2-21：「5W1H」で切り口を探す

　例えば、スーパーの近隣の住宅にチラシを5000枚投函する施策をしたとします。この場合、「チラシを配る→チラシの内容に魅力を感じる→実際にスーパーに行く→買い物をする」という一連のプロセスに分けることができます。この場合、次のような分解式で売上を導き出すことができるでしょう。

日付	チラシ配布数	来店者数	客数の増加
1月	0	400	
2月	5000	504	+104
3月	5500	510	+110
4月	6500	645	+245

図2-22：「チラシ配布」のプロセスで分解する

数値が想像できるまで分解する

　最後に、分解の「細かさ」（どこまで分解すればよいか）についても説明しておきましょう。結論から言えば、「分解した要素に当てはまる数値がわかる、あるいは想像できる」ところまで分解するのがポイントです。
　先ほどの図2-22の例では、「来店者数」を「チラシを配布する」というプロセスに分解し、来店者数を試算しました。

「来店者数」をゼロから想像するのは難しいですが、「チラシの配布数5000枚」という数字を基準に考えれば、その後の「チラシの配布数」「チラシを見る人の割合」「チラシの内容に興味を持つ割合」「チラシを見て来店する人の割合」などには、何となく数値を当てはめることができそうですよね。このように、「要素に当てはまる数字がわかる（想像できる）」まで分解するのが大事だというわけです（図2-23）。

　もし「配布したチラシの数」と「実際の来店者数」の過去のデータがあれば、より具体的な来店者数を導き出すこともできます。過去の実績数字が図2-22だとしたら、チラシを配ったことによるお客様の増加数は「459」（104＋110＋245）、チラシの総配布数は「17000枚」（5000+5500+6500）なので、単純計算で「チラシからの来店率」は「2.7％」と試算できます（459÷17000）。この場合、分解式は図2-24のようになるでしょう。

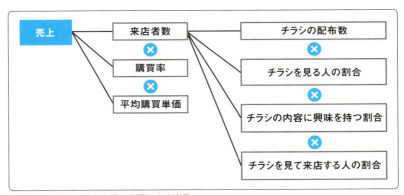

図2-23：配布したチラシ数と実際の来店者数

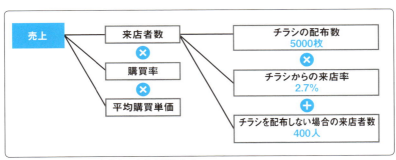

図2-24：チラシからの来店率で売上を試算する

このように、要素に数値が当てはめられるところまで分解することが大事なのですが、逆に分解しすぎると変数が多くなりすぎて、変数に数値を当てはまるのが適当になってしまうこともあります。ですから、ちょうどいいところまで分解することが肝要です。

身の回りの物事を「分解」してみる

　分解の「切り口」を探す作業は、誰もがつまずく部分です。筆者もかつては切り口を見つけられず、なかなか物事を分解できませんでした。　そこで、仕事中に出てくる物事について、頭の中で様々な切り口で分解し続けていたものです。そんなことを3ヶ月くらい続けていたら、少しずつ分解ができるようになっていきました。

　みなさんも、ぜひ仕事や私生活で出てくるあらゆるものを分解してみてください。

　最初はうまくできなくても、練習続けることで、少しずつできるようになるはずです。それが数字思考力の獲得につながり、マーケティング担当者としてのあなたの価値を高めることになるのです。

Section 05 ビジネスを構造化するとわかること

Chapter 02 できるマーケティング担当者への近道

　数字思考力を使ってビジネスを分解し、それぞれの要素の数値を理解していくと、自分の頭の中でビジネスを構造的に把握できるようになります。

　そして、ビジネスを構造的に把握することには、次の2つのメリットがあります。

① **大元の原因を理解できる**
② **自分がコントロールできることとできないことを把握できる**

　では、それぞれについて見ていきましょう。

大元の「原因」を理解できる

　例えば「売上」を「来店者数×購買率×平均購買単価」というふうに分解できていたとします。すると、売上が下がったときに「原因」を突き止めやすくなります。仮に「来店者数」は横ばい、「購買率」が減少、「平均

図2-25：ビジネスを構造化して把握することのメリット

購買単価」が微減だったとしたら、売上減の一番の原因は「購買率の低下」であるとすぐにわかります。

　逆に分解して把握できていなければ、売上減少の理由を突き止めることができません。そうなるとありがちなのが、社内で声の大きい人が「お客さんが減っているから増やそう！」などと言って、お客様を増やす施策を実施するというパターンです。本当の理由は「購買率の低下」にあるのに、集客数を上げようとするのは、本質的な解決策にはなりません。結果、「集客数は伸びたけど、売上はあまり伸びない」という事態になるわけです。

　逆に、原因を見極めて、そこを掘り下げることで、新たな発見が得られることも少なくありません。ビジネスを構造化して把握して、原因の特定をしやすくすることは、マーケティング担当者として常識的に行うべきことだと筆者は思います。

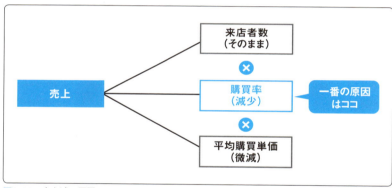

図2-26：売上減の原因は……

「コントロールできること」を把握できる

　2つ目の「自分がコントロールできることとできないことを把握できる」というのも、とても大切なことです。なぜならば、**本来自分がコントロールできないことに対する施策を考えることほど、無駄なことはないからです**。それよりも、自分がコントロールできることに集中して施策を行うほうが、当然ながら成功確率が高まります。

例えば、あなたはアパレル会社のマーケティング担当者だとしましょう。この会社の主な販売チャネルは路面店舗です。

このお店の売上を次のように分解したとして、マーケティング担当者（あなた）がコントロールできるのはどこでしょう。考えてみてください。

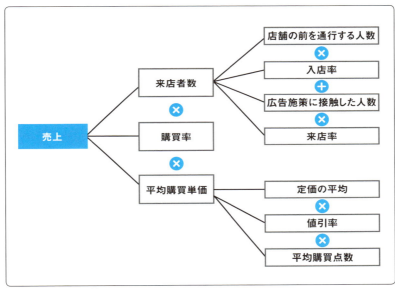

図2-27：売上の分解例

答えは、「広告施策に接触した人数」「来店率」「購買率」「値引率」「平均購買点数」の5つです（図2-28）。具体的にどのような施策が考えられるかも、あわせて紹介しておきましょう（図2-29）。

このように、「コントロールできる箇所」がわかると、原因に対してどうしたらいいのかが考えやすくなります。例えば「購買率が下がっている」ならば、購買率の改善策の検討に集中できます。

逆に、コントロールできないのは「店舗の前を通行する人数」「入店率」「定価の平均」の3つです。店舗の前を通行する人数（人の流れ）は、マーケティング担当者がどうこうできる部分ではありません。また「入店率」を高めるとすれば、店舗の外観や入口付近の店構えの変更も検討しなければなりませんが、ここもマーケティング担当の担当外ではないでしょうか。

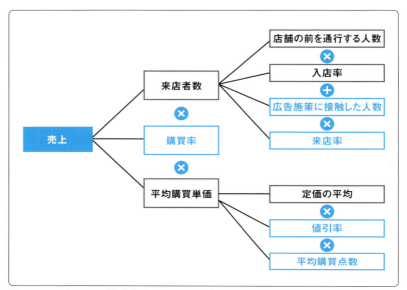

図2-28:マーケティング担当者がコントロールできること

要素	コントロール方法例
広告施策に接触した人数	広告を出稿する、ニュースリリースを出すなどPR施策を行うなど
来店率	広告に「来店特典キャンペーン」を掲載するなど
購買率	接客を改善する、「購入特典」キャンペーンを実施するなど
値引率	セールを実施する、会員への特別値引きを実施するなど
平均購買点数	「3点目は半額」キャンペーンを実施するなど

図2-29:考えられるコントロール方法例

「定価の平均」も同様に、卸元との兼ね合いや経営判断で決まる部分なので、マーケティングの担当外の場合が多いでしょう。このように、ビジネスを構造化して考えることで、「自分に何ができるのか」を判断できるようになるのです。

Section 06 数字との正しい付き合い方

4つの切り口で数字を見る

「数字に強くなりたい」という思いはありつつ、「でも、数字を見ても何をどう考えたらよいのかわからない」というマーケティング担当者は多いのではないでしょうか。筆者もかつてはそうでした。

数字は、それ単体ではあまり意味を持ちません。他の数字と比較してはじめて意味が出てきます。そして数字から意味を読み取るには、「比較」「分解」「時系列」「分布」の4つのうちどれか、またはこれらを複数組み合わせることがコツです。

例えば、あなたが化粧品の通信販売を行っている会社のマーケティング担当者だとしましょう。自分が担当している化粧品の今月の売上は1000万円だったとします。これを「比較」「分解」「時系列」「分布」のそれぞれの観点で見てみましょう。

図2-30：4つのいずれかの切り口で比較する

[比較]

まずは「比較」の観点からです。この場合、例えば自社の売上1000万円を競合他社と比較して、業界内での自社の立ち位置を確認します。図2-31の例なら、自社は「1000万円」、競合A社は「460万円」、競合B社は「1320万円」、競合C社は「600万円」、競合D社「380万円」です。比較して読み取れることは、自社の売上は「2位」で、「3位（C社）」を大きく引き離したが、「1位（B社）」はまだまだ強いということですね。

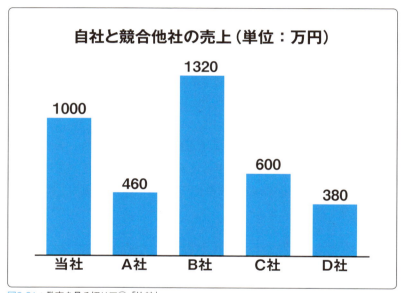

図2-31：数字を見る切り口①「比較」

[分解]

「分解」は、例えば1000万円の売上を販売している商品別に分け、商品ごとの売上をチェックするような切り口です。

図2-32を見てください。これを見ると、化粧水、洗顔料、乳液ローションは売上規模が似ています。この3点を一緒に買うお客様が多いのかもしれません。だったら、「『パック』も入れた4点セットの商品を作ったら、パックの売上も増えるかもしれない」というような想像ができますね。

図2-32：数字を見る切り口②「分解」

[時系列]

「時系列」は、文字通り売上推移を時系列で見るやり方です。例えば先月の1000万円の売上も含めて過去半年の売上推移を折れ線グラフで見てみましょう（図2-33）。

1月から6月の推移を見ると、売上が1月の850万円から上昇しているトレンドです。2月の930万円から3月は40万円、5月の1100万円から6月は100万円減っていますが、これらの理由も確かめたくなります。そして、今後の7月から12月の売上を予測するにあたり、この上昇トレンドを参考に予測ができますね。

図2-33：数字を見る切り口③「時系列」

[分布]

「分布」では、データのばらつきを確認します。図2-34は、1000万円の売上について、横軸を「広告施策別の売上」、縦軸を獲得したお客様のリピート率で割り出した「顧客生涯価値（1人の顧客が取引期間内に企業にもた

らす利益）」とした散布図です。

散布図の右上にある施策、つまりSEOとSEMは、売上も顧客生涯価値も高いので、とても優良な施策であったことがわかります。

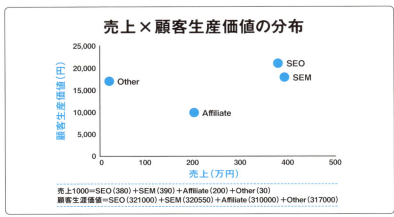

図2-34：数字を見る切り口④「分布」

目的に合わせた切り口で数字を見る

「売上1000万円」という数字だけを見ても、それがいいのか悪いのかがよくわかりません。しかし比較、分解、時系列、分布という切り口で数字を見ると、数字から意味を読み取れるようになることがわかるでしょう。

どの切り口を使うのがいいのかは、「何を見たいのか」という目的次第です。目的に一番合う切り口で数字を料理してください。または、比較、分解、時系列、分布をいろいろと試してみてもよいでしょう。

そして、**数字は一度見て終わりではなく、毎日、毎週、毎月と、定期的に見ることがよい勉強になります。**そうすることで、どの切り口が1番ビジネスを理解するのに役立つのかがわかってきます。

また、数字を見続けてマーケティング施策を行っていると、「もっと細かい数字を見たい」「より深く分析したい」というふうに、自然と思えるようになるはずです。それが、やがてはあなたの施策の精度を高めることにつながるのです。

Section 07 EXCELは数字思考力の強い味方

EXCELを活用する3つの効果

ここまで、「数字思考力」の身に付け方や、ビジネスを構造化してみることの重要性などについて解説してきました。実際の仕事では、これらを頭で理解するだけでなく、それを何らかの形でアウトプットする必要があります。多くの場合、口頭で説明するだけでは不十分なので、資料化してお客様や上司、パートナーなどに見せる必要があるでしょう。

資料作りにはWordやPowerPointも有用ですが、数字を扱う部分に関しては、EXCELが最も役立ちます。**できるビジネスパーソンは数字を武器にし、さらにEXCELを有効活用しているのです。**

EXCELをうまく使うことには、次の3つの効果があります。

[① 効率アップ]

EXCELを使うのと使わないのでは、仕事効率が全く異なります。例えば複雑な計算や集計、分析も、EXCELの関数を使えば一瞬で終わります。実際、筆者は日々の実務でたくさんのデータを元に分析を行っていますが、そのときに多用するのが「ピボットテーブル」というEXCEL関数です（P.114参照）。このピボットテーブルを使えば、数千行のデータでも一瞬で集計することが可能です。もしピボットテーブルがなければ、今筆者が1分で終わっている仕事も、おそらく1時間以上かかることでしょう（ピボットテーブル以外にも、業務効率を上げるEXCELの機能は多数存在します）。

[②分析力アップ]

EXCELを使えば、たくさんあるデータをグラフで視覚化したり、複雑なデータを見やすくしたり、わかりやすい数値で表したりすることが可能

です。すなわち、素敵な分析が可能になります（分析結果から、あなたなりの発見をしやすくしてくれるのもEXCELです）。

詳しくは追々解説しますが、「回帰分析」「トレンド分析」「マトリクス分析」などなど、分析にも様々な手法があります。これらの各種分析も、EXCELを使えば非常に簡単に行うことができます。

[③ 説得力アップ]

EXCELを使えば「説得力」が増します。ビジネスにおいての共通言語の1つ「数字」を使った、見やすい説得材料が作れるからです。

例えば、自分が企画している広告があったとして、「この広告は絶対成功するのでやらせてください!」と言うだけでは、おそらく上司は納得しないでしょう。一方、広告による売上効果と費用対効果を算出し、見やすいグラフにして提出すれば、説得力は格段にアップするはずです。売上効果や費用対効果の計算、計算結果のグラフ化も、EXCELを使えば簡単です。

筆者は、もうEXCELなしに仕事をすることができなくなっています。それほどEXCELが業務遂行のために欠かせないツールになっているからです。あなたもEXCELを使いこなせれば、マーケティング業務を円滑に行うための強力な武器を手にすることになるのです。

図2-35：EXCELによる3つの効果

Section 08　EXCELの習得レベルと仕事の関係

Chapter 02　できるマーケティング担当者への近道

自分はどのレベルに達したいか？

　EXCELはマーケティング業務遂行の強力な武器になると言いましたが、習熟度合いで武器のレベルもどんどん向上します。例えばゲームの武器も、単なる木の棒から強力なバズーカまであったりしますが、そんなイメージです。最初は木の棒レベルでも、腕が上がればEXCELはバズーカレベルの武器になってくれるのです。

　ここでは、筆者が独自にEXCELの習得レベルを3段階に分けてみました。自分がどの程度のレベルに達したいかをイメージしてみてください。

［仕事が速くなる「初級」］

　「業務効率アップのためのEXCEL利用」をここでは最初のレベルと定義してみました。基本的な関数とショートカットさえ覚えれば、業務効率はかなりアップします。

　例えば、マウスを使わずにショートカットを駆使しながらEXCELを扱えれば、短時間で計算、表作成ができます。あるいは、「商品コードをEXCELのセルに入力したときに、自動的に商品名と価格を表示する」ということも、「vlookup関数」という関数を使うことで実現できます。

　これらのことは、「知っていればできること」です。本書で練習することで、きっとあなたの業務効率は上がることでしょう。

［過去のことを分析できる「中級」］

　EXCELを使って分析をできるレベルを中級としてみました。分析の一例を挙げましょう。例えば、数千行ある過去1年ぶんの売上データがあるとします。このデータを、ピボットテーブルを使って整理し、商品ごと、

月ごとの売上推移を表にまとめます。最後に棒グラフにして、どの商品の売上が上昇トレンドで、どの商品が減少トレンドなのかを把握することができます。これは「トレンド分析」と呼ばれる分析です。本当にこれを実現できたら、マーケティングに相当役立ちそうですよね。筆者的には、このレベルが「中級」だと思います。EXCELは強力な分析ツールですから、ぜひともこのレベルに達してください。

［ 未来予測を作れる「上級」］

「シミュレーションをEXCELで行える」レベルに至れば「上級」です。

マーケティング業務を行っていると、「来年はどれぐらいの売上を作る必要があるのか」「どれぐらいのマーケティング予算が必要になるのか」など、「予測が必要なシチュエーション」が多々出てくるはずです。

もし今の時点で予測を作る必要がない立場の人でも、やがては必要になることでしょう。また、例えば他人が作った売上予測を見るときも、自分で予測を作れるのと作れないのとでは、チェックの深さが異なるはずです。もちろん自分で予測を作れる人のほうが深いチェックができますので、ぜひとも自分で予測（シミュレーション）を作れるようになってください。

筆者自身も、何かをやろうとするときは必ず予測を作ります。また、年度の最後の月になると、「来年度はどれぐらい売上を作れるか」というシミュレーションを行い、それを持って米国にいる上司たちと話をします。自分のやりたいこと、やろうとしていることの具体的成果を数字で表現することで、相手にも話が伝わりやすくなるからです。

言い方を変えれば、**シミュレーションを作れるようになることは、難しいこと、わかりにくいことでも、わかりやすく表現できるようになるということです。**

ですから、ぜひこのスキルをみなさんも身に付けてください。

一方、EXCELにはマクロやVBAなどの機能があり、使いこなせば結構複雑なことができます。しかし、マーケティング担当者が磨くべきはそこの能力ではないと思います。それより、未来のことを予測するシミュレーションを作れることのほうが重要ですし、実務に役立ちます。

「数字遊び」になってはいけない

　EXCELを使いこなすととても強力な武器になりますが、**仕事で一番の大事なことは、言うまでもなく「結果を出すこと」です**。EXCELの分析と予測をしただけでは、結果は出ません。

　その分析予測に基づいてマーケティングの実行計画を作り、適切に実行することで、はじめて結果を出せるのです。そのことをくれぐれも忘れないでください。

　もう1つ付け加えるなら、シミュレーション、予測などの数字は、あくまでも「ただの数字」です。

　よくあるのが、来年の売上予測を非現実的な数字にしたり、広告を実施したときの想定効果がありえないほど良好な数字になっていること。EXCELは表計算ソフトなので、非現実的な数値を入力すれば、非現実的な予測が算出されます。これでは単なる「数字遊び」になってしまいます。

「結果」にこだわることが大事

　できる人は、「数字の肌感覚」を持っています。さらに入力する数字も「想い」を込めて入力します。そうすることで、現実的な数字を算出することができるのです。

　自分の「想い」の乗った数字を作ると、実行段階になったときも、結果が予測した数字通り行っているかをしっかりとチェックすることでしょう。そうすることで、はじめて数字が生きていきます。

　言い換えると、「大事な結果が数字とリンクする」ということです。想定している通りの数字にならなければ、どこが原因かを分析し、反省し、改善していかなくてはなりません。これを繰り返すことで、あなたの成功確率が上がってくるのです。

　数字思考力による思考とEXCELの計算だけで終わらせるのではなく、「実行力」をフルに発揮し、「結果を出すこと」にこだわってください。

Section 09 「やりたい」と「やらなければいけない」

　P.19で、「ビジネスは情熱がなければ成功しない」と述べましたが、そのことを改めてお話させてください。繰り返しますが、仕事を行ううえでは、能力（スキル）と情熱・やる気（ウィル）の両方を兼ね備えていることが大事です。どちらか片方が欠けていてはだめですし、能力も情熱もないなら、仕事はやらないほうがマシです。

　そして情熱・やる気（ウィル）には「やりたい」と「やらなければいけない」の2種類があります。

　「やりたい」という気持ちは、「好き」「楽しい」という感情から生まれるものです。好きなことは、人に言われなくても嬉々としてやってしまいますよね。筆者は自転車が趣味なのですが、時間があれば子供のように喜んで自転車に乗ってしまいます。

　一方、「やらなければいけない」は、「必要性」を感じることで生まれてくるものです。具体的には「給料を稼ぐため」「上司から指示されたため」などが挙げられるでしょう。

図2-36：2種類の「やる気」

2つの「やる気」の特徴

　「やりたい」という気持ちに基づいた行動は長く継続するものです。また、この感情に基づいていると、レベルの高い仕事を行えるのも特徴です。ただ、「やりたい」という気持ちを作るのにも、時間がかかることが多いです。

　一方、「やらなければいけない」という気持ちに基づいた仕事は、短期的な勢いのある業務に向いています。この気持ちを作るのに、長い時間は必要ありません。しかし、「やらなければいけない」という気持ちだけで長期間仕事をし続けると、ストレスが溜まり、身体に支障をきたすことがあります。

　ではここで、自分の仕事に対するやる気の「種類」を考えてみてください。あなたはどんなときに「やりたい」あるいは「やらなければいけない」と感じますか。また現在の、それぞれのやる気の比率はどうですか。自分は仕事でどれぐらい「やりたい」という気持ちを持っているのか。あるいは、「やらなければいけない」という気持ちだけでずっと仕事をしていないか。**もし「やりたい」という気持ちが少なければ、自分は何を「楽しい」と感じるのかを探してみてください。**大事なことですので、時間をかけてでも丹念に探すことをお勧めします。

「やらなければならない」だけでは辛い

　ちなみに筆者は、「人に価値を提供して喜んでもらうこと」に喜びを感じます。ですから、自分のスキルを使い、「これは人に価値を感じてもらえるだろう」と思えるものを実際に提供し、喜んでもらうことに「やりたい」という感情を抱きます。

　この「やりたい」という感情と、筆者が最も得意とするオンラインマーケティングのスキルを組み合わせた仕事を遂行するとき、筆者は最大限の力を発揮できます。

　実は以前、筆者はこの組み合わせではない仕事に就いたことがありました。トラブルシューティングが主な業務だったのですが、そのときは1年間、

「やらなければいけない」という気持ちだけで仕事をしていたものです。そんな辛い状況が1年数ヶ月続いた後、筆者はストレスが原因で酷い頭痛が起きるようになりました。

　その後、幸いなことにオンラインマーケティングの仕事に就けたので、それ以降は「やりたい」という気持ちを多く持って仕事をできるようになりました。やがて、「自分は、人に価値を提供して喜んでもらうことに喜びを感じるのだ」とハッキリ自覚できたとき、さらによい仕事をできるようになったことを覚えています。

　最近は、自分の職が年々自分のスキルとウィルに合ってきたので、仕事の品質もよくなってきたと実感しています。「適材適所」という言葉がありますが、やはり自分に合う場所で仕事をするということは、「やりたい」やる気を増やすのに大事だということなのでしょう。

「やりたい」で仕事をするために

　もちろん、誰もが同様の環境を得られるわけではありません。特に20代などの若いうちは、「やらなければならない」で仕事をすることも多いと思います。ただ、歳を重ね、自分のマーケティングスキルと経験を磨いていったら、筆者がそうであったように、「やりたい」と思える仕事が見つかりやすくなるはずです。

　ちょっと気長な話をしてしまいましたが、ここで筆者が伝えたいメッセージは2つあります。

　1つ目は、「やりたい」と思える仕事を見つけてほしいということ。2つ目は、「目の前の仕事を一生懸命やることで、実力が付いてくる」ということです。

　たとえ今「やらなければいけない」仕事がほとんどだとしても、即仕事を辞めるのはお勧めしません。目の前の仕事をこなし、実力が付いてくると、自分が活躍できるところ、「やりたい」と思えることがわかってくるからです。そうすると「やりたい」やる気がプンプン感じられる場所に自分の身を置いて、仕事を楽しめるようになることでしょう。

第 2 部
マーケティング実務編

Chapter 03

STEP 1 数字を集計する

ここからは、具体的なマーケティング実務の
ノウハウを紹介していきます。まずは「数字の集計」からです。
様々な数字を集め、集計することは、
マーケティング担当者の日常業務の1つです。
ただ、数字を集計するにも、様々な注意点やテクニックがあります。
集計時に役立つEXCELの機能や活用法と合わせ、
ここで紹介しておきましょう。

Section 01 [基礎知識] データを集計するときの注意点

アンケート結果が正しくない?

「集計」とは、データ分析を行う前に、対象となるデータを集めてまとめる作業のことです。

集計について説明する前に、筆者の以前の職場でのエピソードを1つ紹介します。ブランドマーケティング担当者のAさんは、社長にアンケート結果をプレゼンしていました。そのときの会話がこんな感じでした。

Aさん 「お客様の80%が、うちの商品に満足しているというアンケート結果が出ました。うちの商品の顧客満足度は極めて高いですね」
社長　「誰に対してアンケートをしたの?」
Aさん 「うちの商品を3回以上リピートしたお客様300人にアンケートしました」
社長　「お得意さんじゃないか! そりゃ満足度が高い数字になるよ」
Aさん 「……」

社長の最後の一言で、「自社製品の顧客満足度は高い」というAさんの主張が、全て覆されてしまっています。

この原因は、Aさんの調査対象がそもそも「お得意さん」だったにもかかわらず、そこからの結果を「全てのユーザーの総意」と結論付けたことにあります。

このように、単に「集計」と言っても、実際の作業の際に留意すべき点は多々あります。

ここからは、集計時の注意点や、データを効率よく集計するEXCELの使い方について説明していきます。

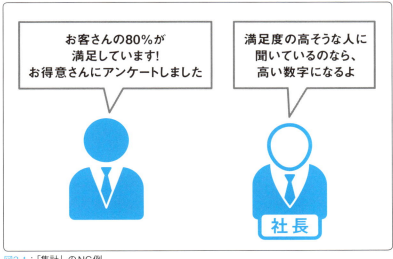

図3-1:「集計」のNG例

数字を集める「目的」と「仮説」を明確にする

　集計を行う前に大切になるのが、「これから行う作業の目的（＝何のために数字を集めるのか）」、または「集計によって検証したい仮説」を明確にすることです。

　逆にやってはいけないのは、目的も仮説もなく、ところかまわずデータを集計して分析することです。これでは、まるで闇夜に向かって散弾銃を撃ちまくるようなものです。結局何も撃ち落せないまま、時間だけが過ぎていくことになるでしょう。

　例えば、あなたが広告代理店に勤務しており、クライアントの売上を上げるための新たなキャンペーンを提案する必要があるとします。企画書は次の流れで作ることにしました。

①現状分析をして成功のためのポイントを見つける
②成功するための解決策を提示する
③解決策の想定効果を提示する
④解決策を実施するときにかかる予算と時間を提示する

この場合、集計・分析が必要となるのは①の「現状分析」の部分です。ここでの集計、分析の目的は「クライアント企業が置かれている状況を把握し、成功するためのポイントを見つけること」です。また、クライアント企業を客観的に把握するためには、次の3つの切り口で調査・分析を行うことが必要となるでしょう。

- クライアント企業の現状
- ターゲットユーザーの状況
- 競合他社の動向

　ちなみに、この3つの切り口は「3C」と呼ばれるフレームワークです。「顧客（Customer）」「競合（Competitor）」「自社（Company）」の3つの視点で分析するやり方ですね。

　3Cによる調査・分析が必要になるシチュエーションは、マーケティングの現場でたくさん出てきます。ただ、3つの視点で集計して、分析することには、当然ながら手間がかかります。そして作業をしているうちに、当初の「目的」を見失うことが少なくないのです。そうなると時間だけが過ぎていくことになりますが、筆者もかつてはそんな仕事をしていました。繰り返しますが、**目的、仮説を見失わず、常にそれらを念頭に置きながら集計、分析をしていくことが大事です。** そうすれば、結果として効率よく、目的に向かって集計作業をすることができるはずです。

図3-2：やみくもな集計はNG!

Section 02

[基礎知識]
データの「種類」に留意する

「データ」の定義とは

　私たちは、事実や資料を「データ」と呼んでいます。またデータは、複数集めて分析し、何か価値のあるものを導き出すために活用するものです。ただ、一言で「データ」と言っても、実は様々な分類の仕方があります。ここでは、代表的なデータの種類を紹介します。

データの種類① 定量データと定性データ

　データは、「定量データ」と「定性データ」に分けられます。
　定量データは、「数値によるデータ」です。「企業の1年間ぶんの売上金額」などが定量データに該当します。
　一方、定性データは、「数値では表せないデータ」です。アンケートによって集められた商品に対するコメントなどが定性データに該当します。定量データは「数字」なので分析しやすいですが、定性データは数字ではないので、集計、分析に一手間かかります。
　例えば、商品の使い心地について答えてもらったアンケート。これは「定性データ」です。
　一方、アンケートの回答が100あったとして、商品への好意的なコメントをした人が「25人」、商品の改善点をコメントした人が「20人」、商品へのネガティブなコメントした人が「15人」というように、定性データの内容を分類して集計すると、これは定量データになります。
　少し話がそれますが、筆者の会社では、ランチのデリバリーサービスを頼んでいます。よく同僚たちと、「飽きてきたレストランやメニューがあるよね」などと定性的な会話をしていました。

あるとき、筆者はデリバリー元を決める担当になったので、同僚社員にアンケートを取ってみました。具体的には、12件あるレストランごとの満足度について、1（大嫌い）から5（大好き）までのランクを付けてもらったのです。さらに、過去3ヶ月のレストランのオーダー回数も調べて数値化しました（我ながら物好きですが）。すると、面白いことに「和食弁当」は「オーダー回数が多い割に満足度が低い」ということがわかったのです。なのでオーダー回数を減らすことにしたのですが、これも定性的になりがちな「満足度」を、「定量データ」にした一例だと言えるでしょう。

「満足度」のように定性で終わりがちなことも、定量的に表現すると、相手に伝わりやすくなります。例えば「たぶん売れませんよ」と定性的に言うのではなく、「前四半期は前年度比で20%下がっているので、製品のライフタイムサイクルが衰退期になっていると考えられます」と言ったほうが、断然説得力が増します。**定量データは、物事を広く客観的に捉えることが得意なデータなのです。**

定性データがなぜ必要なのか

こうやって説明すると、何でも定量データにしたほうがいいと思われがちですが、実際はそうとも限りません。**実は定性データは、定量データであぶり出しにくいお客様の深い動機、行動心理を捉えるのが得意です。**

例えば、自社のWebサイトがお客様に支持されているかを調べたいとします。この場合、Webサイトのアクセスログを取ったり、アンケートを実施して集計するのが一般的な方法です。これは定量的なやり方ですね。

でも、例えば別の調査として、お客様にお願いし、Webサイトを使っている様子をカメラで録画させてもらえたらどうでしょう。あわせて、お客様の実際のコメントをもらえたら、その映像やコメントからは、定量データでは出てこない深い気付きを得られることでしょう。

筆者自身も、自社製品を使っている方に直接会ってインタビューをしたことがあります。Face to Faceのコミュニケーションに勝るものはありません。実際のお客様の口調、表情からも見えてくるものがあり、定量デー

タからは出てこないユーザーのインサイト（消費者の購買行動の核心、ツボ）を感じ取ることができます。大切なのは、定量データと定性データの違いを認識し、その都度自分のニーズに最適なデータを集めることです。まずはこのことを忘れないでください。

データの種類② 1次データと2次データ

データは、「1次データ」と「2次データ」にも分類できます。

1次データとは、調査のために自分で採取したデータです。Webのアクセスログ、ユーザーへのアンケート、実験データなどが1次データになります。1次データ収集のメリットは、自分の欲しい形、欲しい粒度でデータを入手できることです。一方デメリットとしては、データを入手するためにコストと時間がかかることが挙げられるでしょう。

一方「2次データ」は、自分以外の誰かが調査して集めたデータです。調査機関が集めた統計情報、会社の営業実績データなどが、2次データに該当します。2次データは総務省のWebサイト、調査会社のWebサイトなどで見つけることができます（P.81参照）。

2次データ収集のメリットは、コストと時間が節約できることです。自分自身で調査するわけではないので、調査の設計、実施などの手間も不要です。デメリットとしては、必ずしも自分の欲しいデータがそろうとは限らない点が挙げられます。

調査したいこと全てを1次データでまかなえるなら何よりですが、現実的には2次データも利用して、時間とコストを節約しなければならないこともあります。そこで、2次データを使うときに注目してほしい点を4つ紹介しておきましょう。

[①いつのデータなのか]

「いつ実施した調査なのか」を必ず調べてください。例えば、変化の早いIT業界のトレンドを知りたいのに、10年前の調査データを使っても意味がありません。賞味期限切れのデータを使わないようにしましょう。

［②調査目的］

調査の実施者は、何かの目的を持って調査しています。公的機関、リサーチ会社は純粋に調査をして現状を把握することが目的ですが、民間企業の場合は、調査結果を発表する何らかの意図があるかもしれません。単に自社製品をアピールしたいための調査結果である場合もありますので、そこを見極めるようにしてください。

［③誰が調査したのか］

「誰が調査したのか（＝出典）」も必ずチェックしましょう。また2次データを使うときは、その出典を明記するようにしてください。

出どころがわからないデータは使うべきではありません。マーケティングは、データに基づいて判断をすることが比較的多い仕事です。素性がわかっているデータだけを使うようにしましょう。

［④誰に対して調査、アンケートしたのか？］

4つ目のチェック事項は、「どのような人に対して調査したのか」です。P.74で筆者の元同僚Aさんと社長の会話を紹介したのを覚えていますか？「このテーマに興味があるだろう」と思われる集団に「興味がありますか？」と聞いたら、「Yes」という回答が多数返ってくるのは当然のことです。

筆者も、かつて動画広告のセミナーに来た人に「動画広告はこれから伸びると思うか」というアンケートを実施してしまったことがあります。90％の人が「伸びる」と回答したのですが、その結果を上司に報告したら「当たり前だ」と笑われてしまいました。みなさんも、そんな失敗はしないように気を付けてくださいね。

2次データを使うときは、以上の4点に留意してください。1次データだけでなく2次データも活用し、効率のよいデータ収集に努めましょう。

Column

便利な2次データがあるサイト

　欲しい調査結果が手元にないときは、Googleなどで検索することが多いでしょう。ただ、調査結果を公開しているサイトも多々あるので、筆者のお勧めをいくつか紹介しておきます。知っておくと役に立つはずです。

　もし頻繁に調査、分析をするのであれば、気に入ったサイトにメール登録し、RSS購読をすることで、常に情報をキャッチアップできるようになります。筆者も次に紹介するサイトのうち、「総務省統計局」と「MMD研究所」にメールアドレスを登録しており、新しい調査結果が出るとメールを受け取れるようにしています。

■政府が公開している統計情報サイト		
総務省統計局	http://www.stat.go.jp	日本の人口、消費者物価指数、消費支出、企業調査などのデータを確認できる。筆者は「IT白書」をよく利用している
経済産業省	http://www.meti.go.jp/statistics/index.html	経済活動についての統計データを確認できる
■大学が管理している統計データ		
SSJDA	http://csrda.iss.u-tokyo.ac.jp	学術目的での2次利用のためにデータをアーカイブしている
■統計データを公開している調査・リサーチ会社		
マクロミル	http://www.macromill.com/r_data/index.html	インターネット調査の先駆け的な存在のマクロミルには、様々な調査結果がある。政府系の調査にはない消費者寄りのトレンドを調査した内容を見つけることができる。インターネットから情報を収集できるので、効率よく調査結果を得られる
MMD研究所	https://mmdlabo.jp	モバイルに関する調査結果が必要な場合はMMD研究所が頼りになる。スマートフォン、タブレットなどモバイル端末に関すること、利用者の現状を浮き彫りにする調査が多数公開されている
調査のちから	http://chosa.itmedia.co.jp	IT市場に関連する調査結果がたくさんまとめられている。ITニュースサイトの「アイティメディア」が運営
レポセン	http://reposen.jp	「調査のちから」同様に、調査結果を集めたサイト。様々なジャンルの踏査結果がここに集められており、とても便利
リクルートライフスタイル	http://www.recruit-lifestyle.co.jp/company/rd	外食市場、旅行、美容、飲食など、リクルートが手がけるサービスに関する調査結果を公開している
生活総研ONLINE	http://seikatsusoken.jp/teiten2014/	大手広告代理店の博報堂が一般的な生活に関するデータを公開している。衣食住、学び、恋愛、お金など21カテゴリーの調査結果を確認できる。1992年から定点観測をしているので、時代ごとの変化も読み取れる
電通日本の広告費	http://www.dentsu.co.jp/knowledge/ad_cost/	大手広告代理店の電通が、日本の広告費について毎年公開している。テレビ、ラジオ、新聞、インターネットとメディアごとの広告費の推移がわかる

Section 03

[基礎知識]

データを集める前にやるべきこと

P.75でも解説しましたが、集計の際に大事なことは、事前に数字を集める「目的」または「仮説」を設定することです。

また、そのためには、「どんなデータがどの程度必要なのか」をあらかじめ決めておかなくてはなりません。データが足りないと十分な仮説検証ができませんし、またデータを集めすぎると、データ収集はもちろん、その後の集計にも膨大な時間がかかってしまいます。

ですから、データを集める前にどんな視点のデータを集めたらいいのかを考えてからデータを集めるようにしてください。どんなデータを集めるかを考えるアプローチは2つあります。「①目的の変数を分解し、分解した要素を調べる方法」と、「②フレームワークを使って考える方法」です。

①目的の変数を分解し、分解した要素を調べる

2章で紹介した「数字思考力」を使えば、どんなデータを集めたらいいのかを決めることができます。例えばオンラインショップの売上を上げるために、データを集計したいとします。売上は次のように分解できます。

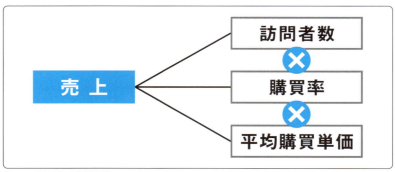

図3-3:「売上」の要素分解

この分解ができたら、集計すべきデータは目的である「売上」、そして売上を構成する「訪問者」と「購買率」、「平均購買単価」の計4つであることがわかります。数字思考力を使って売上を分解したからこそ、この4つのデータが必要なのだと把握できるわけです。

　もう1つ、別の視点での分解方法も紹介しておきましょう。P.54でも紹介した、目的までを「プロセス」で分解していくやり方です。例えば、Webサイトへの訪問から買い物が完了するまでのステップを分解してみましょう。オンラインショッピングサイトのトップページにアクセスし、実際に買い物するまでをプロセスで分解し、それぞれのページへの訪問者数と、次のステップへの訪問率を分解してみると、次のようになります。

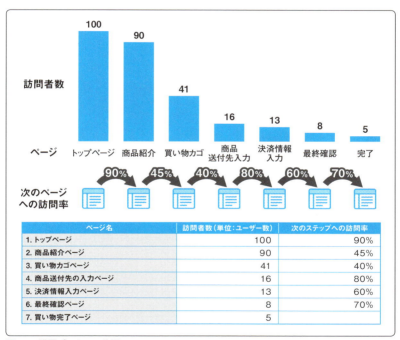

図3-4：購買プロセスの分解

　このデータを見ると、トップページの訪問者「100人」のうち、購入完了に至るお客様は5人（5％）ですね。最終的には、この5％の購買率を改善できたら売上が改善されることにつながります。

各ステップを見てみると、次のステップに行く訪問率が他と比べて著しく低い箇所が2箇所あります。「2.商品紹介ページ」から「3.買い物カゴページ」への45％、そして「3.買い物カゴページ」から「4.商品送付先の入力ページ」への40％です。ここを改善できたら、全体へのインパクトが大きいと考えられますね。

また、プロセス全体で見ても、より左側（プロセスの前半）を改善したほうが、最終的な購買率へのインパクトは大きくなるはずです。「4.商品送付先の入力ページ」→「5. 決済情報入力」への訪問率80％を改善するより、「3.買い物カゴページ」→「4.商品送付先の入力ページ」への訪問率40％を改善したほうが効果的ですし、実際改善しやすいことも多いです。ひょっとしたら、ここが全体のプロセスの中での「Low Hanging Fruit」（P.27参照）かもしれません。このように、プロセスごとに分解してデータを集めるのも非常に有効な方法です。

②フレームワークを使って考える

分析したい対象に合った「フレームワーク」を使えば、より網羅的な視点で分析対象を見ることができます。その際は、分析対象に合ったフレームワークを選ぶことが次に重要なポイントになっていきます。

フレームワークには様々なものがありますが、全てを覚える必要はありません。そこで、代表的なフレームと、それぞれの意味を解説します。

個々のフレームワークを紹介する前に、フレームワークたちの関連性を示しておきます（図3-5）。

左から右に行くにつれて、広い視点から自社の視点へと変化してます。新たなマーケティング施策を考えるとなったときは、まず左の環境分析を行い、それから段々右にあるフレームワークを使ってマーケティング施策を考えていくのが正しいアプローチです。では、左の環境分析に使うフレームワークから紹介していきます。

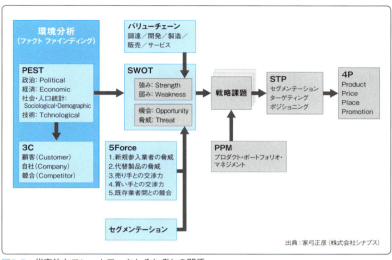

図3-5：代表的なフレームワークとそれぞれの関係

環境分析のためのフレームワーク

［ ①PEST分析 ］

「PEST分析」は、自社を取り巻くマクロ環境の分析するためのフレームワークです。「Political（政治）」「Economic（経済）」「Social（社会）」「Technological（技術）」という視点で自社の周りの環境を網羅的に見て、プラスの要因とマイナスの要因を把握、評価します。

図3-6：PEST分析で見る4つの視点

PEST分析で見るものは、自社でコントロールできないものばかりです。しかし、どのような外部環境に囲まれているのかを把握することで、それをどのように捉えて機会を生み出すのか、脅威として認識して対策することを考えることができます。

[②3C分析]

「3C分析」は、自社を取り巻く市場分析を行うときに使うフレームワークです。「市場・顧客（Customer）」「競合他社（Competitor）」「自社（Company）」の3つの視点で分析して、成功要因（KSF：Key Success Factor）を導き出します。3C分析では、会社全体、部署、製品のように、様々なレベルが可能なので、あらかじめレベルを決めてから分析を行います。とても便利なフレームワークなので、筆者も多用しています。

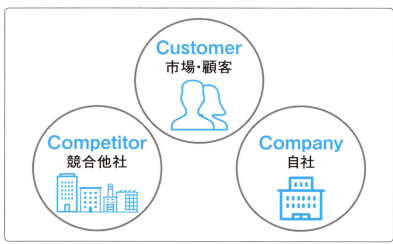

図3-7：3C分析で見る3つの視点

[③5Force分析]

「5Force（ファイブフォース）分析」は、特定の業界を理解するために使われるフレームワークです。「顧客の交渉力（買い手）」「サプライヤーの交渉力（売り手）」「将来の新規参入者」「代替品」「業界内の競合企業」の5つの視点で業界を分析することで、業界構造を把握しやすくなります。

業界によって構造が違うので、業界内の力関係、構造を把握する際に役立ちます。例えば、Web制作業のように大きな資本を必要としない業界だと新規参入をしやすいため、「業界内の新規参入者」が増えて販売料金が下がり、価格競争になることが想定できます。

あるいは、スマートフォン業界であれば、顧客のスマートフォンの乗り換えが簡単です。これを「スイッチングコストが低い」と言いますが、これで「顧客側の交渉力が高い（売り手が強い）」ことがわかります。3Cとは違った視点で業界を分析するので、3Cと一緒に使われることもあります。

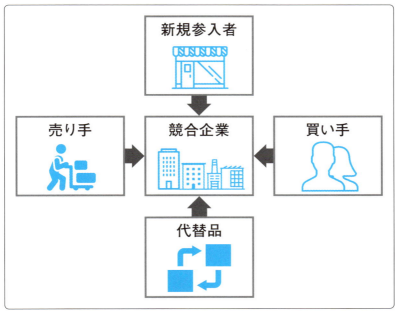

図3-8：5Force分析で見る5つの視点

自社分析のためのフレームワーク

[SWOT分析]

「SWOT分析」は、自社を分析したいときに使われるフレームワークです。自社の「強み（Strength）」「弱み（Weakness）」「機会（Opportunity）」

「脅威（Threat）」を把握して、どのように市場で戦っていくのかを導き出します。

SWOT分析は、「外部環境分析」と「内部環境」の2つに分けられます。「機会（Opportunity）」と「脅威（Threat）」は自社でコントロールできない外部環境から成り立ちます。一方、「強み（Strength）」と「弱み（Weakness）」は、自社でコントロールできる内部環境になります。

外部環境の流れに乗って自社の強みをさらに強めることはできないのか、または弱みを補強して機会をつかむことはできないのかなどを考えることがSWOT分析の肝です。

図3-9：SWOT分析で見る4つの視点

自社のマーケティング分析のためのフレームワーク

[STP]

自社のポジショニングを考えるためのフレームワークが「STP」です。「セグメンテーション（Segmentation）」「ターゲティング（Targeting）」「ポジショニング（Positioning）」の視点で分析します。

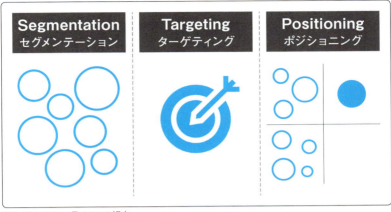

図3-10:STPで見る3つの視点

「セグメンテーション」とは「分けること」です。世の中にはものがあふれており、また様々な消費者がいますよね。ですから、「みんなに受け入れられる」商品を作ることは非常に困難です。そこで、消費者を「年齢」「住んでいる地域」「趣味嗜好」のような軸で分けることで、自社が狙うべき消費者ニーズを把握しやすくなるわけです。

一方「ターゲティング」は、セグメンテーションによって分けた消費者のどこを狙うかを決めることです。例えば、消費者を年齢、住んでいる地区、趣味趣向の3つの軸で分けたとします。そして、自社の商品・サービスでニーズを満たそうとするユーザーは「30代」「東京都在住」「自転車が趣味の人」と決めて、このセグメンテーションを狙うことがターゲティングです。

最後の「ポジショニング」は、ターゲティングしたお客様に対して、自社製品（サービス）のポジションはどこなのかを明確に定義することで、優位な状態を作ることを目的とします。

例えばヘアカット専門店チェーンの「QBハウス」は、「10分、1000円で散髪」を売りにしています。このQBハウスのポジショニングは図3-11のようになるでしょう。このように、ターゲティングしたお客様に対し、「自社製品をどのような位置付けで覚えてもらうか」を明確にすれば、競合製品に対する優位性を保ちやすくなるわけです。

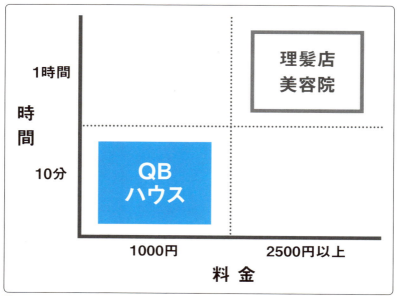

図3-11：QBハウスのポジショニング

[**4P（マーケティングミックス）**]

「4P」はマーケティングミックスと呼ばれ、マーケティングを考えるうえで網羅したい4つの視点です。具体的には、「製品（Product）」「価格（Price）」「流通（Place）」「プロモーション（Promotion）」で成り立っています。

前述のSTPによってポジショニングが決まったら、ターゲットとしている顧客に対して、どのような製品と価格、流通チャネル、コミュニケーションをするのかを考える必要があります。さらに、これら4つが整合性を持っていなければなりません。ポジショニングで「QBハウス」を紹介しましたが、QBハウスのマーケティングミックスを整理してみましょう。

製品（Product）：10分、1000円で散髪するサービス
価格（Price）：1000円
流通（Place）：駅の近く、または駅の中にある店舗
プロモーション（Promotion）：店舗デザイン、店舗の看板やのぼり

こうして見ると、QBハウスは「流通」と「プロモーション」の両方を店舗で行っていることがわかります。店舗が駅近ということで、多くの人の目に止まるので、店舗デザイン、看板などがプロモーションになっているわけです。このように他社のことを4Pで分解して考えてみると、よい練習になると思います。

図3-12：4Pで見る4つの視点

[マーケティングファネル]

「ファネル（Funnel）」とは漏斗（じょうご）のことです。マーケティングファネルとは「集客」に始まり、検討、商談、購買とプロセスを経るごとに、ふるいにかけられる考え方を指します。

マーケティングファネルはセールスファネル、パーチャスファネル（パーチャス：購買）と呼ばれることもあります。

例えば、商品を販売しているWebサイトのセールスファネルは、「各施策から集客」「商品説明を読む」「購買ページを訪問」「入力フォームに入力」「最終確認」「購買」が一般的です。「集客」から「購買」に至るまでに、離脱者がたくさん出ることでしょう。この離脱者をいかに少なくするかが、マーケティング担当者の手腕の見せ所となるわけです。

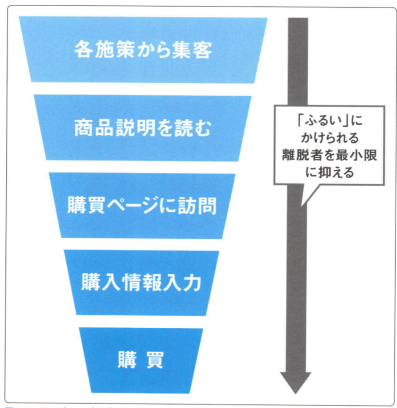

図3-13：ファネルの考え方

　様々なフレームワークを紹介しましたが、いかがでしょうか。言葉で解説すると難しく感じるかもしれませんが、実際にはそれほどでもありません。まずはここで紹介したフレームワークを使い、自分の業界や自社製品、サービスを分析してみてください。**「習うより慣れろ」ではないですが、まずは実際にやってみることが大事です。**

　また、時には集計、分析したいことにピッタリなフレームワークがない場合もあるでしょう。しかし、数字思考力を鍛え、物事を分解する力が付いてくると、自分独自のフレームワークを作れるようになっていくはずです。中長期的に思考力を鍛えると、楽しい世界が待っています。みなさんも、ぜひフレームワークを使った分析にトライしてみてください。

Section 04

[データの読み込み]

生データを EXCELに読み込む

Chapter 03

STEP ❶ 数字を集計する

CSVファイルの実態

　ここまで、データを集計する際の注意点について紹介してきました。ここからは、それを踏まえ、EXCELで実際にデータを集計していくときのテクニックを紹介していきます。まずは「生データ」をEXCELに読み込む方法についてです。

　Webサイトのアクセスログ、社内のデータベースなどからデータをPCにダウンロードして、EXCELで開いて分析をすることがあると思います。その際、ダウンロードファイルのフォーマットがEXCEL形式ではなく、CSV形式であることが少なくないでしょう。

　CSVファイルの実態は、実は「,」（カンマ）で区切られたテキストファイルです。よって、CSVファイルは「メモ帳」などのテキストエディタで開くことができます。実際にテキストエディタで開くと、データとデータが「,」で区切られ、また行は「改行」で区別されていることがわかるはずです。

```
営業マンID,訪問先,商談回数,成約数,継続中
10002961,31,7,1,0
10002961,47,16,1,0
10002961,32,6,0,0
10002961,27,7,3,0
10002961,29,10,0
10002961,4,1,1,0
10002961,48,18,3,0
10002961,3,1,0,0
10002961,1,1,0,0
10002963,38,17,1,0
10002963,52,15,1,0
10002963,34,13,2,0
```

図3-14：CSVファイルの実態

生のCSVファイルをうまくEXCELに読み込めないときは、一旦テキストファイル化し、EXCELの「テキストファイルウィザード」で開くとよいでしょう。EXCELメニューで「ファイル」→「開く」と選択し、ダイアログボックス右下のプルダウンメニューを「すべてのファイル」に変更すると、EXCELファイル以外のファイルを指定できます。開きたいテキストファイル（CSVファイル）を選択すると、「テキストファイルウィザード」が開くので、EXCELにデータを読み込みましょう（図3-15）。

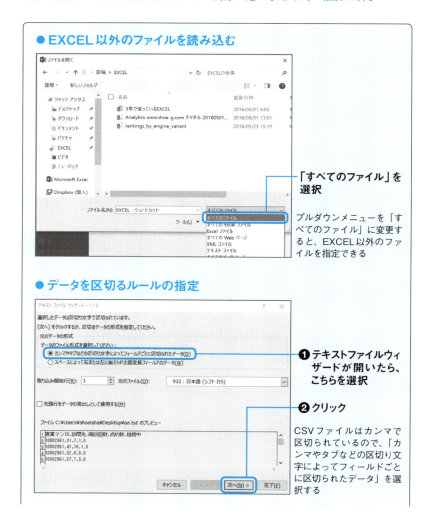

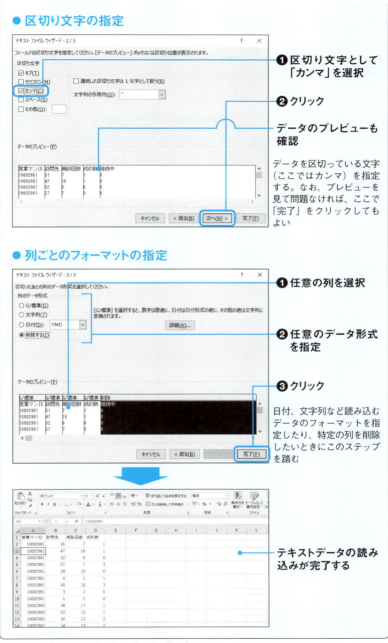

図3-15：テキストファイルウィザードの使い方

Section 05 [データの読み込み] データの文字化けを修正する

文字化けを修正する2つの方法

CSVファイル、テキストファイルなどをEXCELで開いたとき、文字化けしてしまうことがあります。原因は、それらのファイルがEXCELが対応していない文字コードで書かれているためです。

「文字コード」とは、PCが文字を表現するためのルールと思っていてください。日本語を表現するための文字コードには「Shift-JIS」「UTF-8」「UTF-16」「EUC-JP」などがありますが、Webサービスからダウンロードしたファイルの文字コードがUTF-8だった場合、そのままEXCELで開くと文字化けします。

文字化けの解決策は2つあります。1つ目はテキストファイルウィザード（P.94参照）で開くときに文字コードを指定する方法。2つ目は、EXCELでファイルを開く前にファイルの文字コードをEXCELが読めるものに直す方法です（図3-16）。

[①テキストファイルウィザードで指定する]

テキストファイルウィザードで指定する場合、テキストファイルウィザードの最初の画面で文字コードを指定できます。文字コードを指定した際に、下に表示されるプレビューが正しく表示されればOKです。

[②テキストファイルで指定する]

テキストファイルで指定する場合、「メモ帳」などのテキストエディタで一旦CSVファイルを開き、保存の際に任意の「文字コード」を指定します。その後、「テキストファイルウィザード」を使い、テキストファイルをEXCELで読み込めばOKです。

● テキストファイルウィザードで指定する

テキストファイルウィザードで文字コードを指定する

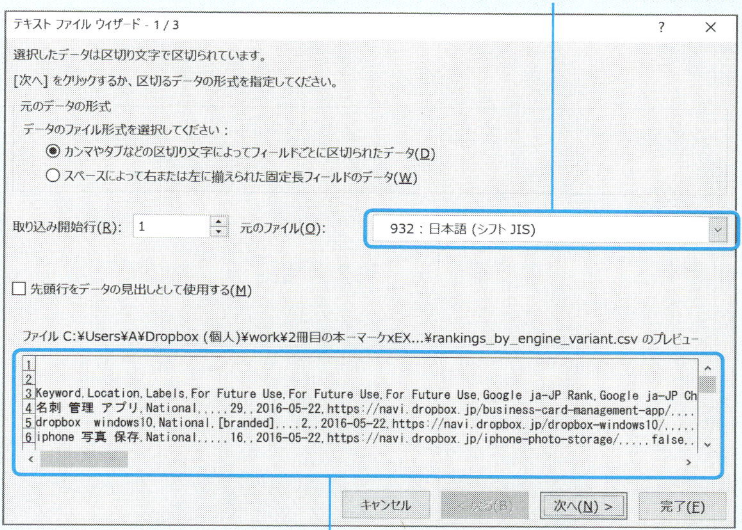

プレビューで正しく表示されるか確認する

● テキストファイルで指定する

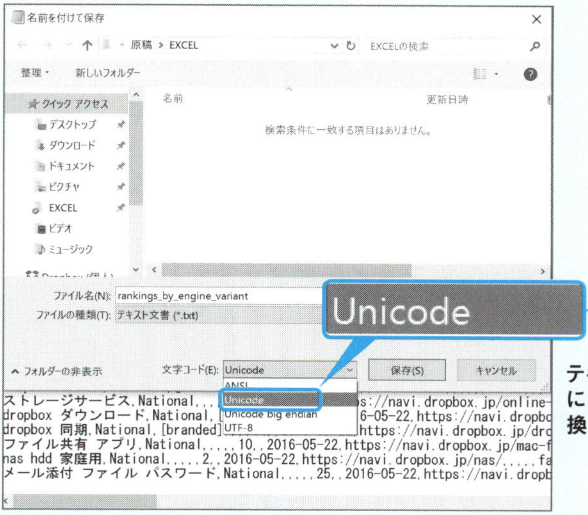

テキストの保存時に文字コードを変換する

図3-16：文字化けを修正する

Section 06 ［フォーマットの調整］
表の幅や数字の体裁を整える

　EXCELの作業では、表を作る機会も多いでしょう。集計した数字を見やすい表にまとめることで、他人に伝えたいことが伝えやすくなります。

　ただし、表を作る際に、その都度フォーマットをいろいろ選ぶのは時間の無駄というもの。逆に**「表はこのフォーマット」と決めてしまうと、あなたの貴重な時間をその他の大事なことに費やすことができます。**ここで見やすい表を作る際に留意すべきことと合わせ、フォーマットの作り方を解説します。

表の縦横の幅を変えて見やすくする

　表の作成時に最初にやるべき作業は、セルの高さと縦方向の配置を調整することです。EXCELのデフォルトではセルの高さが狭いので、少し高さを大きくすることで、表の見やすさがアップします。

　セルの高さを効率よく変える方法ですが、EXCELシートの左上の角をクリックすると、全てのセルを選択できます。または、ショートカットキーは「Ctrl」＋「A」でも、全てのセルを選択できます（「All」の頭文字のAと覚えておけば覚えやすいでしょう）。

　セルを全て選択した状態で右クリックし、「行の高さ」を選択します。行の高さに「18pt」と入力して「OK」をクリックしてください。これでEXCELシート全体のセルの高さが18ptになります（図3-17）。

数字にはカンマを付ける

　数字には、3桁ごとにカンマを付ける癖を付けましょう。カンマがあることで数字が読みやすくなります。数字に慣れておくためにも「1,000」

が「千」、「1,000,000」が「百万」ということを覚えておけば、数字を見たときにすぐ何の位なのかがわかります。

数字にカンマを付ける方法は簡単です。カンマを付けたい列（またはセル）を選択し、リボンメニューの「,」（カンマ）をクリックするだけです（図3-18）。

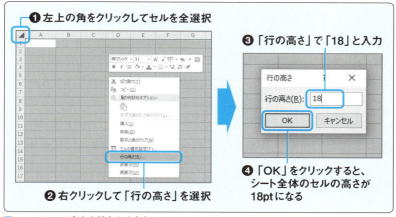

図3-17：セルの高さを効率よく変える

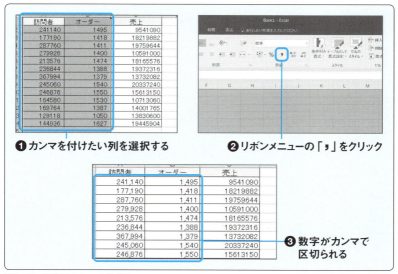

図3-18：数字にカンマを付ける

数字の表示単位を変更する

　EXCELでは、数字を千円単位・百万円単位で表示することも可能です。例えば「1,000,000」という数字を、「1,000千円」と表示したり、「1百万円」と表示するという具合です。こちらのやり方も簡単で、表示形式を変えたい列（またはセル）を選択して、「セルの書式設定」の「ユーザー定義」タブ、「種類」の欄にて表示形式を設定するだけです。「#,##0,"千円"」と入力すれば、セルの値が千円単位になります（図3-19）。

　また、百万円単位にしたい場合は、「#,##0,,"百万円"」と入力すればOKです（0の後に「,」をもう1つ付け足しています）。なお、0のうしろの「,」ですが、1つ付け加えると、「000」を省略できます。これにより、「1,000,000」の表示形式を「#,##0,"千円"」とすれば（カンマが1つなので）「1000千円」となり、「#,##0,,"百万円"」とすれば（カンマが2つなので）「1百万円」と表示されるわけです。

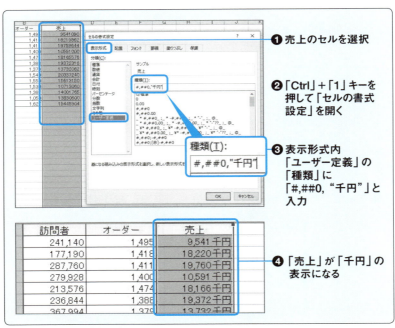

図3-19：数字の表示単位を変更する

Section 07 [フォーマットの調整] 文字の配置やセルの幅を調整する

文字の配置をそろえる

EXCELはデフォルトで横方向では、文字列は「左揃え」、数字は「右揃え」に配置されます。また、縦方向は「下詰め」になっています。横方向は特に変える必要はあまりないのですが、縦方向は中央揃えにすることで見やすくなります。**「文字は左揃え、数字は右揃え、縦方向は中央揃えが基本」**と覚えておきましょう。

セルの縦方向を中央揃えにするには、全てのセルを選択した状態で、セル上で右クリックして「セルの書式設定」を選択するか、「Ctrl」+「1」キーで「セルの書式設定」を開きます。「配置」タブをクリックして「垂直方向の配置」で「中央揃え」を選択してください。または、リボンメニューの「上下中央揃え」ボタンをクリックしても同様の操作を行えます（図3-20）。

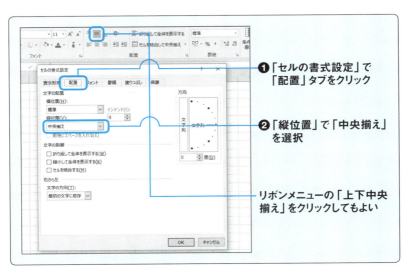

❶「セルの書式設定」で「配置」タブをクリック

❷「縦位置」で「中央揃え」を選択

リボンメニューの「上下中央揃え」をクリックしてもよい

図3-20：セルの縦方向の配置を中央揃えにする

表の横幅を整える

　セル内の文字が見切れる場合は、セルの横幅も整えましょう。列名が書いてあるセルの境目をダブルクリックすると、文字が収まる横幅に調整することができます。

　複数のセルの横幅を一括で変更したい場合は、横幅を変更したいセルの列名が書いてある部分を全て選択し、任意の境目をダブルクリックすると、文字が収まる横幅に調整できます（図3-21）。もちろん、マウス操作で横幅を調整しても、同様の操作を行えます。

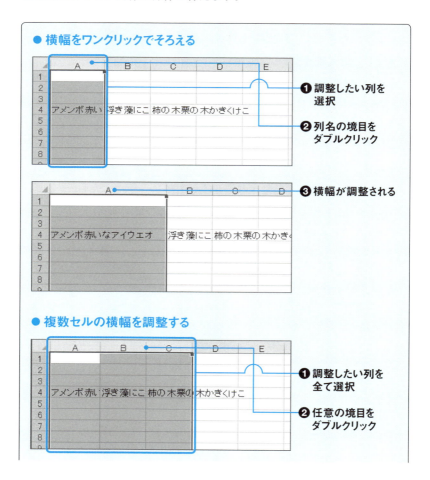

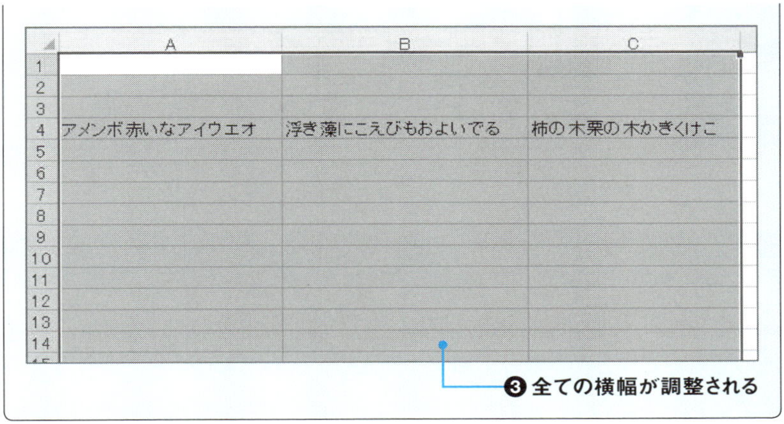

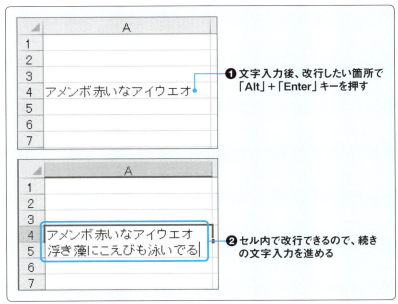

図3-21：セルの横幅を調整する

セルの中での文字の改行

セル内で改行したいときは、改行したい位置で「Alt」+「Enter」キーを押します。すると、セル内で改行できます（図3-22）。

❶ 文字入力後、改行したい箇所で「Alt」+「Enter」キーを押す

❷ セル内で改行できるので、続きの文字入力を進める

図3-22：セル内で改行する

Section 08 [集計実務] 集計した数値を条件付き書式で見やすくする

「条件付き書式」を適用する

　集計した数字を比較するときは、グラフ化するのが一般的です。ただ、**表の数値で比較したい際は、数字の大きさによってセルの色を変えると見やすくなります。**

　筆者も日常業務で様々な数字に触れていますが、人に見せるときはグラフ化するものの、見るのが自分だけで、迅速に数値の概要を確かめたいときは、条件付き書式を多用しています。

　条件付き書式には様々な設定がありますが、ここでは2つ紹介しておきます。

　まず、ざっと色分けするには、「カラースケール」が便利です。色分けしたいセルを選択し、リボンメニューの「ホーム」タブにある「条件付き書式」をクリックします。そして、好きな色のスケールバーを選択すればOKです。

　ちなみに筆者は、資料に使う色が増えすぎると見にくくなると思っているので、白と緑のスケールを多用しています。そうすると、数値の大きいセルは濃い緑、中くらいの値はやや薄い緑、小さい値は薄い緑で表示されます。これだけでも、膨大な数値が並んでいる中で、値の大きいもの、中くらいのもの、小さいものを大雑把に確認することができます。

　また、カラースケールの代わりに「データバー」を選択すれば、セルの中に棒グラフが表示され、直感的に数字の大小を確認できます（図3-23）。

　表示ルールを自分で設定することも可能です。例えば、プロジェクトの売上目標が「1200万円」だったとしたら、その目標をクリアしている値だけを色分けできたら便利ですよね。

　この場合、売上が並んだ列を選択し、「条件付き書式」から「セルの強

調表示ルール」→「指定の値より大きい」をクリックします。「次の値より大きいセルを書式設定」の欄に「12000000」と入力し、任意の書式を設定して「OK」をクリックすると、「1200万円以上」の値が入っているセルを色分けして表示できます（図3-24）。

なお、条件付き書式で「ルールの管理」をクリックすれば、自分で様々なルールを設定し、より見やすい表示にすることも可能です（図3-25）。膨大な数字から、大枠を直感的に把握するのに、「条件付き書式」は極めて有効です。自分であれこれ試行錯誤してみるとよいでしょう。

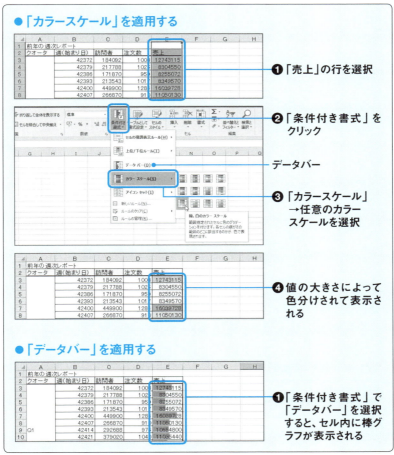

図3-23：条件付き書式① カラースケール／データバー

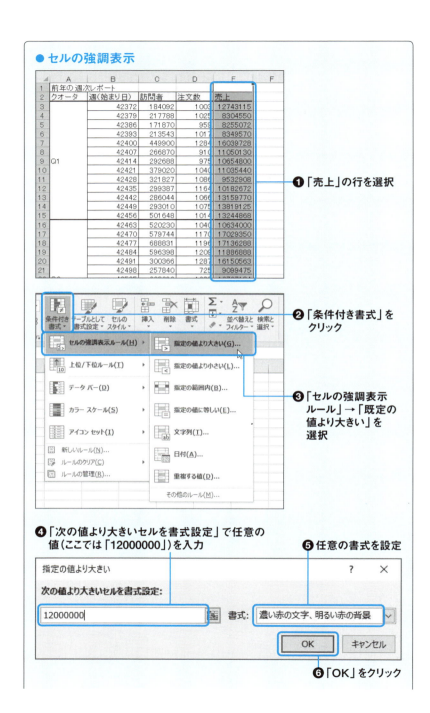

	A	B	C	D	E	F	G	H
1	前年の週次レポート							
2	クオータ	週(始まり日)	訪問者	注文数	売上			
3		42372	184092	1003	12743115			
4		42379	217788	1025	8304550			
5		42386	171870	959	8255072			
6		42393	213543	1017	8349570			
7		42400	449900	1284	16039728			
8		42407	266870	910	11050130			
9	Q1	42414	292688	975	10654800			
10		42421	379020	1040	11035440			
11		42428	321827	1086	9532908			
12		42435	299387	1164	10182672			
13		42442	286044	1066	13159770			
14		42449	293010	1075	13819125			
15		42456	501648	1014	13244868			
16		42463	520230	1040	10634000			
17		42470	579744	1170	17029350			
18		42477	688831	1196	17136288			
19		42484	596398	1209	11886888			
20		42491	300366	1287	16150563			
21		42498	257840	725	9099475			
22	Q2	42505	268092	1288	16767184			
23		42512	257961	1235	14824940			
24		42519	247313	1258	16234490			
25		42526	228613	1040	9607520			
26		42533	183510	1105	9510735			

❼ 設定した値より大きな数値が色付きで表示される

図3-24:条件付き書式② セルの強調表示

「条件付き書式」→「ルールの管理」を選択すれば、様々な書式ルールを独自に設定できる

図3-25:条件付き書式③ ルールの管理

Section 09 [集計実務]
データを並べ替える

任意の項目でデータを並べ替える

　集めたデータを、とりあえず並べ替えてみたいことも多々あるでしょう。「並べ替え」も、EXCELが得意とするところです。

　例えば、地域ごとの販売代理店数、注文数、売上を集計したデータがあったとします。

　このシートは、販売代理店数、注文数、売上額の、それぞれの項目の大小で並べ替えが可能です。

　例えば「売上の大きい順」に並べ替えるには、項目も含めて並べ替えたいデータを選択した状態で、「並べ替えとフィルター」→「ユーザー設定の並べ替え」を選択します。すると「並べ替え」ダイアログが表示されます。データ選択時に項目も選択しているので、「先頭行をデータの見出しとして使用する」にチェックが入っていることを確認します。

　次に、並べ替える項目を選択します。今回は「売上順」で並べ替えたいので、列の「優先されるキー」には「売上」を選択します。「並べ替えのキー」は数値で比較してほしいので「値」を選択。「順序」は大きい順なので「降順」を選択して、「OK」をクリックします。すると、売上の大きい順に並べ変えることができます（図3-26）。これにより、売上の大きい地域を確認できますね。

　今回は「売上」で並べ替えましたが、「販売代理店数」を増やすことがゴールなら、販売代理店数の大きい順か小さい順に並べることで、地域ごとの販売代理店数の比較も可能ですね。その場合は、「優先されるキー」で「販売代理店」を選択すればOKです。

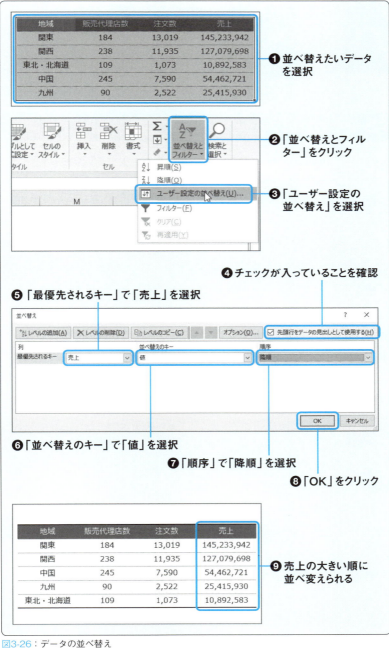

図3-26：データの並べ替え

Section 10 [集計実務] フィルター機能で集計する

簡単な集計はフィルター機能が便利

　データを集計する際は、膨大なデータを整理しなければならないこともあるでしょう。データ数が少なければ手作業で集計してもよいですが、何百行、何千行ものデータ数になると、とても手作業での集計はできません。しかし、集計作業は、EXCELを使えば一瞬で片付けてくれます。

　P.109で登場した「並べ替えとフィルター」のメニューの中に「フィルター」という項目があります。**この「フィルター」は、EXCELの最も簡単な集計機能です。**

　例えば、あなたが洋服を販売している店舗を運営しているとしましょう。この店舗ではメンバーカードを作っており、カード登録者の住所や性別、来店回数、合計購入金額などがデータベース化されています。

　さて、あなたが上司に、「売上の傾向を調べたいから、来店回数が6～10回の人だけを抜き出してくれ」と言われたらどうでしょう。

　膨大なデータベースの中から、該当する来店回数の人だけを手作業で抜き出すのは大変そうですよね。

　こんなとき、フィルター機能を使えば、来店数6～10回の人を、瞬時に抽出することができます。

　フィルター機能を使うには、まず集計したいデータの見出し行を選択し、「並べ替えとフィルター」→「フィルター」と選択します。すると、各見出しの右下に矢印アイコンが表示されます。

　今回は「来店回数」で抽出したいので、来店回数の矢印アイコンをクリックし、メニューから「数値フィルター」→「指定の範囲内」を選択します。範囲となる数値（今回は6と10）をそれぞれ入力し、「OK」をクリックすると、来店回数6～10回の人だけが表示されるようになります（図3-27）。

同様の操作で、例えば「来店回数10回以上」あるいは「来店回数5回以下」の人も簡単に抽出できますし、性別が「女性のみ」、住所が「東京のみ」という設定も可能です。

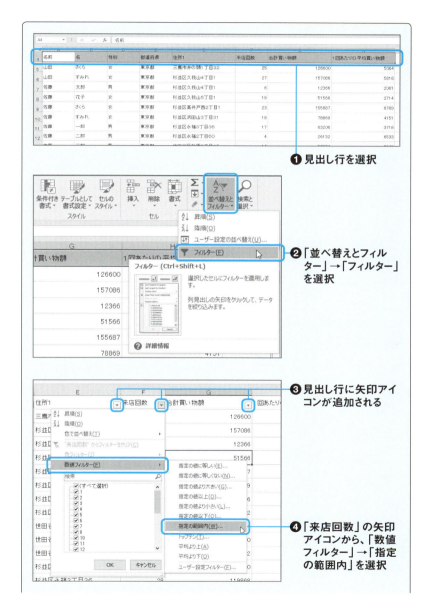

❶ 見出し行を選択

❷「並べ替えとフィルター」→「フィルター」を選択

❸ 見出し行に矢印アイコンが追加される

❹「来店回数」の矢印アイコンから、「数値フィルター」→「指定の範囲内」を選択

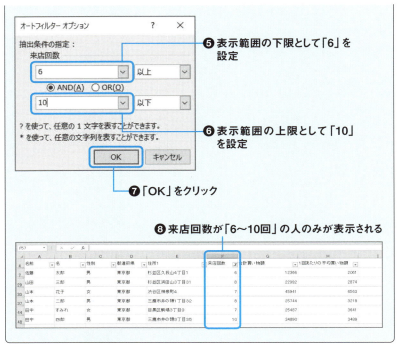

図3-27:フィルター機能の使い方

フィルターで集計したデータを計算する

　フィルター機能と合わせて覚えておきたいのが「SUBTOTAL関数」です。フィルターでデータを抽出したら、抽出した数値の合計や平均などを計算したいこともあるでしょう。SUBTOTAL関数は、そのような場合に重宝します。例えば、フィルター機能で来店回数6〜10回の人を抽出後、この人たちの合計買い物額を算出したいとします。

　通常、合計を計算する場合はSUM関数を使いますが、SUM関数を用いると、来店回数に関係なく、全ての登録者の買い物合計金額を計算してしまいます。例えば図3-28の例では、本来はフィルター機能で抽出された人だけの合計買い物額を計算したいのですが、SUM関数で指定すると(「=SUM(G7:G48)」)、ここに表示されていない人も含めて合計してしまうのです。

しかし、SUBTOTAL関数を使えば、SUM関数と同じように範囲指定しても、フィルターで抽出された人のみを合計してくれます（図3-29）。

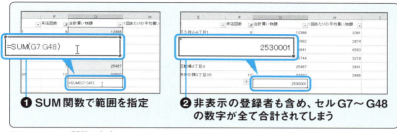

図3-28：SUM関数の欠点

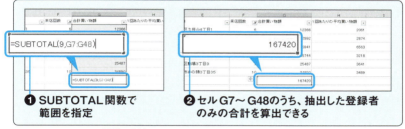

図3-29：SUBTOTAL関数の利点

ちなみに、SUBTOTAL関数の構文は次の通りです。

SUBTOTAL(集計方法, 範囲1, 範囲2, ….)

上記構文の「集計方法」の部分には、1～11までの数字を入力します。入力された数値に従い、右表に対応した計算をしてくれます。

図3-29の例では「=SUBTOTAL(9,G7:G48)」と入力していますが、これは「9」ですから「合計」を求めていることになります。もちろん合計だけでなく、平均や最小値、最大値なども計算可能です。

入力値	計算
1	平均
2	数値の個数
3	文字列、数値データなどの個数
4	最大値
5	最小値
6	積
7	標本標準偏差
8	標準偏差
9	合計
10	標本分散
11	分散

図3-30：SUBTOTAL関数の集計方法

Section 11 [集計実務] ピボットテーブルで集計する

数千行のデータを素早く集計する

フィルター機能で全て集計できればよいのですが、実務ではなかなかそうもいきません。そこで、もう1つ覚えておきたいのが「ピボットテーブル」という機能です。**ピボットテーブルを使えば、たとえ数千行のデータであっても、あっという間に集計することが可能です。**

ピボットテーブルは「クロス集計を行う機能」などと言われますが、元データの列項目、行項目を自由に入れ替えて集計することで、様々な角度からの分析を可能にする機能です。例えば、膨大なデータを「日付」「訪問客」「購入商品」など、分析したい切り口で集計できるのです。

筆者は毎日のようにデータベースからデータを取り出しては、ピボットテーブルで集計して分析しています。データベースから取り出すデータは1000行以上のものがほとんどですが、ピボットテーブルのおかげでデータ量を全く気にせずに集計をできています。おそらくピボットテーブルがなければ、筆者の仕事効率は大幅に低下してしまうでしょう。ピボットテーブルはそのくらい強力かつ便利な機能なのです。

では、さっそくピボットテーブルの使い方を解説しましょう。手元に、図3-31のような生データがあるとします。このデータには、自社の製品サイトへの訪問者数や注文数、購買率や売上などがまとめられています。

この生データを、ピボットテーブルを使って図3-32のような形にまとめることにします。

まず、集計したい生データを選択し、リボンメニューの「挿入」から「ピボットテーブル」と選択します。「ピボットテーブルの作成」ダイアログが表示されるので、テーブル／データ範囲を確かめて「OK」をクリックすると、白紙のピボットテーブルが表示されます（図3-33）。

トラフィック別に、訪問者数や注文数、購買率などがまとめられている。この生データを、ピボットテーブルを使ってまとめ直す

図3-31：生データ

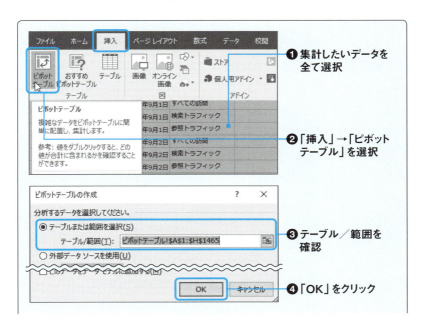

図3-32：ピボットテーブルを用いて作成したい表のイメージ

❶ 集計したいデータを全て選択

❷ 「挿入」→「ピボットテーブル」を選択

❸ テーブル／範囲を確認

❹ 「OK」をクリック

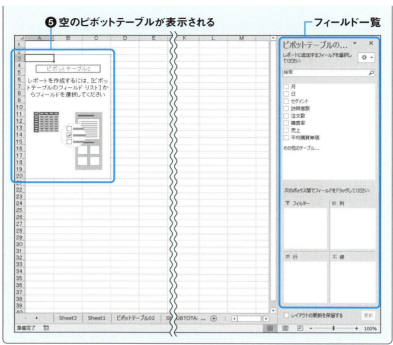

図3-33：ピボットテーブルの作成①

　ここで、先に示した図3-32のような形に、各項目を配置していきましょう。画面右側にフィールド一覧がありますが、縦軸である「行」のフィールドに、「月」をドラッグします。続いて、「値」のフィールドに、「訪問者数」「注文数」「売上」をドラッグしてください。すると、自動的に自動的に表が生成されていくことがわかるはずです。

　なお、「値」のフィールドに集計したい項目をまとめていますが、ここで集計したい項目の計算方法を確認してください。ここで求めたいのは「データの合計」ですので、もし「データの個数」などになっていたら、ここで直してください。項目名横の矢印をクリックして「値フィールドの設定」を選択し、「値フィールドの設定」ダイアログで「選択したフィールドのデータ」から「合計」を選択し、「OK」をクリックします。これを全ての値に対して行います。これで、月別の訪問者数と注文数、売上の集計が行えます（図3-34）。

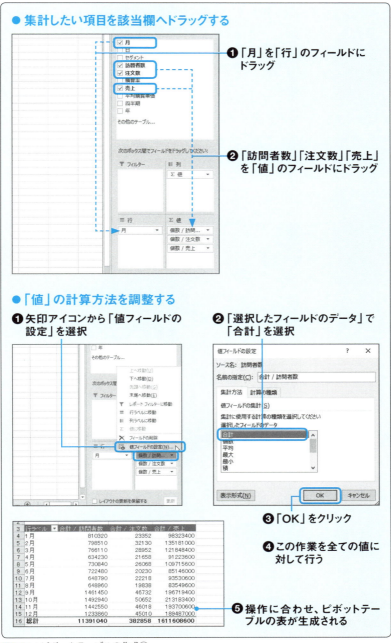

図3-34:ピボットテーブルの作成②

さらに、生成した「値」を「訪問者の種類」で分けることもできます。この場合、「列」フィールドに「セグメント」をドラッグしてみてください。すると、表の横軸に「トラフィックの種類」が表示され、トラフィック別に値が分類されます（図3-35）。

　いかがでしょうか。手作業で行えば膨大な手間がかかりそうな集計が、ピボットテーブルを使えば短時間で終わることがわかると思います。ピボットテーブルは奥が深く、他にも様々な集計が可能です。直感的に作業できるようになっているので、あれこれ試してみるとよいでしょう。

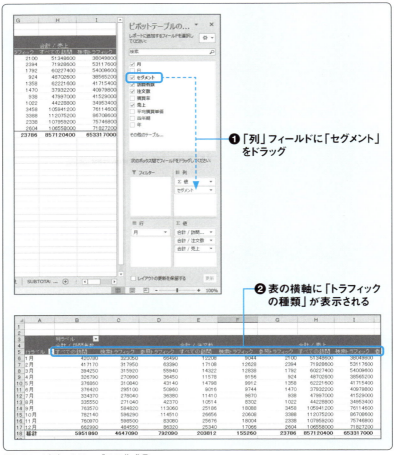

図3-35：ピボットテーブルの作成③

第 2 部
マーケティング実務 編

Chapter 04

STEP 2 集計した数字を分析する

数字の「分析」も、マーケティング担当者に欠かせないスキルです。
「分析」と言うと難しく感じるかもしれませんが、
物事を「分けて」「見てみる」だけのことで、
決して難しいものではありません。
グラフ作成など、分析に役立つEXCELの活用と合わせ、
ここで覚えてしまいましょう。

Section 01 [基礎知識] 「分析」とは何か？

　「分析」と聞くと、何だか難しそうに感じる人もいるかもしれません。ですが、「分析」は決して難しいものではなく、結構簡単に行えるものです。「分析」の目的は、これまで見えなかったものを見えるようにすることです。これって、何だか素敵だと思いませんか？ ここでは、この「分析」について解説していくことにします。

　まずは、分析という言葉から見てみましょう。分析は「分」と「析」という2つの漢字の組み合わせになっていますが、「分」は「分ける」という意味です。また「析」は、「細かく分割する、込み入ったものを解きほぐす」という意味の漢字です。つまり、分析の意味を漢字から汲み取ると、「ものを分けて、解きほぐしてあげる」という意味になります。**分析したいものを分けて見てみれば、それが「分析」なのです。**そう思うと、少し身近に感じませんか？

　例えば、洋服を売っているお店の売上を増やしたいので、「売上を分析したい」としたら、売上を分けてみればいいのです。要素の分解については2章でも解説しましたが、いろいろな切り口が考えられますね。

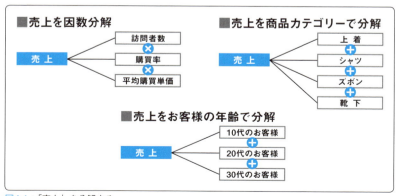

図4-1：「売上」を分解する

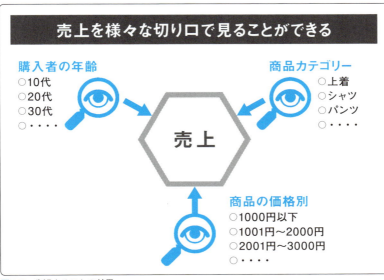

図4-2:分解することの効果

　このように分解することで、「売上」を様々な切り口で見ることができます。分析の際に「どのような切り口を選べばいいのか」ということについては、簡単に「これ!」という正解が出るものではありません。

　でも、だからこそ面白いのです。ひょっとしたら、あなた独自のクリエイティブな切り口で、素敵な分析ができるかもしれません。

適切な切り口を選択するために

　筆者は、適切な切り口を選べるようになるためには、3つのポイントがあると思っています。

[①分析の「目的」をしっかり意識すること]

　P.75でも触れましたが、分析の「目的」をしっかり押さえておくことが非常に大事です。目的を意識していないと「分析のための分析」になってしまいがちです。そうなると時間ばかりがかかり、よい分析結果を導き出すことができません。

[②たくさんの切り口が出せるように訓練すること]

　切り口は様々なものが考えられます。これは練習をするとたくさん出てくるようになります。普段の生活の中でも、物事を様々な切り口で分解する練習をしてください。そうすることで、自分なりの切り口を発見する力が付いていきます。

[③繰り返し練習すること]

　最初から素晴らしい切り口を見つけることができて、素敵な分析をできる人はいません。いい分析ができる人たちは、それまでたくさん練習をしてきたはずです。最初から質の高い分析ができるとは思わないで、とにかく量をこなしていくことをお勧めします。量をこなせば、自然とよい切り口を発見し、いい分析ができるようになります。地道な練習の積み重ねが大事ですから、ぜひ練習をしまくってください。

図4-3：分析力を身に付けるポイント

Section 02 [基礎知識] どんなときに「分析」が必要？

分析をするべきタイミング

　分析、分析と言っていますが、そもそも「分析っていつ必要になるの?」と疑問に思う人もいるかもしれません。「上司や先輩から頼まれたとき」という人も多いかもしれませんが、できれば自発的に分析をして、そこからの発見をマーケティングに活かしたいものです。

　筆者自身も、自発的に分析することが好きです。では、**筆者がどんなときに分析をするのかと言うと、「何か疑問に思ったとき」**です。疑問を持ったときが分析のタイミングであり、チャンスなのです。

図4-4：分析をすべきタイミング

筆者が行っている分析業務

　筆者は、自分が担当している製品の売上を見ては、分析を繰り返しています。

　筆者の場合、大きく分けて「日々の分析」と「四半期に1回行う大きな分析」の2つを行っています。

　日々の分析は、短期的な期間での分析、例えば先週1週間、直近1ヶ月の売上をチェックすることが多いです。その際、売上が上がっていたら「なぜ上がったのか」を、逆に売上が下がっていたら、「どこが下がったのか」「なぜ下がっているのか」を分析します。その際は、3章で紹介したピボットテーブルが大活躍しています（P.114参照）。

　一方、四半期に1回行う大きな分析は、文字通り四半期単位で分析をしています。普段は短い期間で分析をしているので、もっと広い視点で見るよい機会になっています。まずは過去から売上の推移はどう変化しているのかを見ますし、1年後、2年後にどうなっていたら素敵なのかを具体的に考えることもあります。これは日々の分析よりも時間をかけてじっくり行うことが多いです。

身の回りの気になることを「分析」する

　業務柄、筆者は日々疑問を持ったら、すかさず分析する癖が付いています。「分析」と言うと堅苦しいですが、プライベートでも分析を楽しむことができます。

　例えば飲食店に入ったとき、そのお店のお客様の入り具合やメニューの平均単価を見て、そのお店の1日の売上を考えてみるのも面白いかもしれません。

　数字思考力を使えば、あれこれと売上を推定することができるはずです。やってみると案外楽しいものなので、ぜひあなたも実践してみてください。プライベートからいろいろと推定することを楽しめれば、あなたの数字思考力はどんどん磨かれていくはずです。

Section 03

[基礎知識]
「やりっぱなし」から卒業するために

失敗には「学び」がたくさん

P.17でも触れましたが、施策やプロジェクトを遂行して結果が出なかったとき、「ああ、ダメだったな」で終わってしまうケースが少なくありません。しかし、うまくいかなかったことの中には、素敵な「学び」がたくさん隠れています。**施策が失敗したときに「なぜうまくいかなかったのか」を調べ、次の施策に活かすことができれば、成功確率は必ず向上します。**

第1章で、「できるマーケティング担当者になるためにはPDCAが大事だ」という話をしましたが、仕事の「やりっぱなし」は、PDCAプロセスのCheck（結果の反省と確認）とAction（改善）を怠っていることにほかなりません。施策のPlan（計画）とDo（実行）自体も決して楽ではないのに、CheckとActionを行わないと、せっかくの学びの機会を捨ててしまうことになりますよね。これはとてももったいない話です。

CheckとActionを行うことで、私たちはパワーアップしていくのです。そのことを忘れないでください。

自分の「責任」を認め、改善を

筆者はサービスをWebページ上で販売する仕事に従事しているのですが、筆者自身にも実は苦い経験があります。

Webページを訪問してくれるユーザーの中で、サービスの購入に至る割合をいかに高めるかが大事なので、Webページ自体の品質がとても重要になります。

あるとき、パートナー企業が新しいWebページを作ってくれました。そんなときに実施するのが「ABテスト」です。ABテストとは、2つの

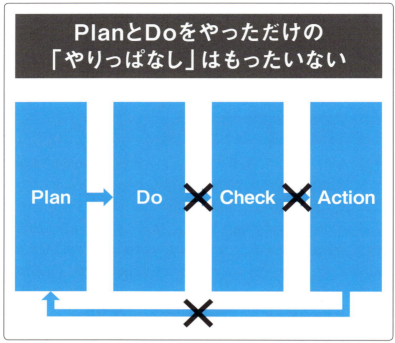

図4-5：PDCAの「C」と「A」を忘れない

Webページにアクセスを振り分け、それぞれのパフォーマンスを比較するテストです。具体的には、Webページへの訪問者を半分に分け、一方は従来ページへ、もう一方は新しいページへとアクセスさせ、購買率などのパフォーマンスを検証するわけです。

ABテストの結果は、従来ページと新しいページで大差なかったのですが、せっかくなので新しいページを採用することにしました。このとき、筆者はABテストの結果に対して、特に何か反省することもありませんでした。

しかしその数ヶ月後、上司に「『お前が作った』Webページのパフォーマンスが悪いから、原因を分析してくれ」と言われたのです。恥ずかしながら、そのときまで筆者は「新しいWebページは自分が作ったものではない」と考えており、「自分事」のように思っていませんでした。でも、上司の一言で、「あ、これは俺の責任範囲なんだ。俺が何とかしないといけないんだ」とはじめて認識したのです。

筆者はその後、あらゆる角度で新しいWebページが失敗した理由などを分析し、文章を全て書き換えたり、新しいコンテンツを作ったりして、ABテストを繰り返しました。その結果、Webページの購買率を上げることができたのですが、これも自分の責任を認め、深く原因を探ったことが要因だったと強く思っています。

　大切なのは、何事もやりっぱなしにせず、自分に責任や瑕疵があればそれを認め、CheckとActionを怠らないことです。やりっぱなしは楽なのですが、**マーケティング担当者として成功したい、実力を付けたいならば、やはりPDCAを回すことを習慣化すべきです**。おかしな言い方かもしれませんが、成功するまでPDCAを回せば、いつか必ず成功します。

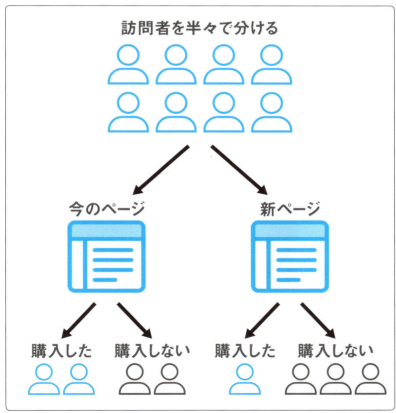

図4-6：ABテストのイメージ

Section 04

[基礎知識]

まずは「鳥の眼」で見て、次に「虫の眼」で見る

　分析を始めるときは、「どこから分析をするのか」も大変重要です。まずは「広い視点」で、全体を見る分析から始めるようにしてください。まるで空を飛んでいる鳥が地上の林を見て、どのあたりに食べたい果物があるのかを見る感じです。鳥の眼のような広い視点で見ることが大事です。

　鳥の眼で全体を把握し、さらに深く掘り下げたいところを見つけたら、次は細かく深く見ていきます。まるで虫が果物の一部分を見ているような、果物の内部に入り込むような、深くて狭い視点です。

　このように、「鳥の眼」と「虫の眼」の2つを使い分けて分析することで、全体感を把握しながら、大事なところをより深く分析することが可能になります。

　ありがちな失敗が、最初から「虫の眼」で、細かいところの分析を始めてしまうことです。全体を把握できていないので、その分析が「本当に大事なところ」かどうかはわかりません。

図4-7：分析の正しいアプローチ

下手をすると、せっかく時間をかけて分析して、改善策を実施したのに、本当に小さなインパクトしか生み出せないということになりかねません。手間暇かけて分析した挙句、大したインパクトを出せないのでは、とてももったいない話ですよね。

「木を見て森を見ず」に要注意

エラそうなことを言いましたが、筆者自身も、いきなり虫の眼で細かなところから分析をしてしまうことが少なくありません。

そんなときは、よく途中で「あ！ 木を見て森を見ていない。まずは全体を見ないと！」と気付き、改めて大きな視点での分析を行うよう心がけています。みなさんも、「木を見て森を見ていない」状態になっていないかどうか常に自分に問いかけてください。

ところで、P.85でフレームワークの流れを紹介したことを覚えているでしょうか。最初に行うのは、PEST、3C、5Forceなど、「環境」を分析する広い視点でのフレームワークでした。それから「自社」の分析をするSWOT、「自社のマーケティング施策」を考えるSTP、4Pというように、フレームワークが見る視点がどんどん狭くなっています。これを見ても、「鳥の眼」から、徐々に「虫の眼」に移ることが、分析の正しい流れであることがわかると思います。

図4-8：フレームワークも「鳥の眼」→「虫の眼」

Section 05

[基礎知識]

全体の中で「集中するところ」を決めることが大事

どこに注力して分析すべきか？

　マーケティングの仕事においては、何らかの数字的な目標が定められていることが多いでしょう。この数字目標を達成するために最も重要なことは、戦略を持ち、「集中すべきことに集中すること」です。

　例えば、インターネット上での販売を最大化することが業務だったとしたら、SEO／SEM対策や、アフィリエイト、バナー広告のような広告施策など、様々な打ち手が考えられます。

　これらを全て同じように頑張っていては、なかなか効果が生まれません。それよりも、何らかの指標によって優先順位を付け、どの施策により注力すべきか（どの施策には力を入れないか）を明確にすべきです。

　「選択と集中」という言葉を聞いたことがあると思いますが、まさにそれです。何かを選ぶということは、何かを選ばないということ。**大事だと思うことを決めて、それに集中することで、成果を出せる可能性が高まります。**

　P.27で、筆者が今の会社に入社したときのエピソードを紹介しましたが、覚えているでしょうか。

　もう一度繰り返すと、当時マーケティング担当は筆者1人だったので、「あれもこれもやろう」と頑張ったものの、結局成果を上げることができませんでした。その後、上司のアドバイスに従い、「やるべきこと」を定めて集中的に取り組んだ結果、ようやく成果を出すことができたのです。一生懸命頑張っているのに成果が出ないと、モチベーションも下がっていきます。

　だからこそ、「選択と集中」を意識し、やるべきことに集中して取り組むことが大事なのです。

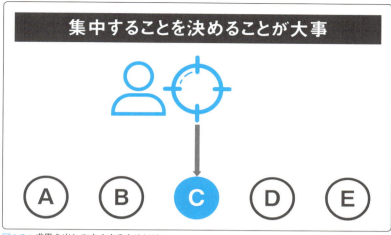

図4-9:成果を出しやすくするためには……

集中する箇所を決めるプロセス

　では、どのようにして「集中すべきこと」を決めればよいのでしょうか。筆者が集中する箇所を決めるプロセスを紹介しますので、参考にしてください。

　筆者の場合、まず「最終的なゴール」を決めます。**「新規売上の獲得」「利益の増加」「既存客の売上の継続」「顧客満足度の向上」など、ゴールは役割やプロジェクトによって変わるでしょう。**その際、漠然と「売上を増やしたい」と思うのではなく、「1ヶ月の売上を3%上げる」というように、数値的な目標を設定してください。

　次に、設定したゴールを、数字思考力を使って因数分解します。筆者の場合は「Webサイトで発生する売上」が最終目的数値になることが多いので、売上を「訪問者数×購買率×平均購買単価」のように分解します。

　分解できたら、「訪問者数」「購買率」「平均購買単価」の3つの変数のうち、どこを改善するかを選びます。その際は、1章で紹介した「Low Hanging Fruit」(P.27参照)の考え方を参考にしてください。具体的には、「改善のしやすさ（実現可能性）」と、「インパクトの大きさ（効率）」の2つを基準に判断することが大事です。

では、次に進みましょう。上記3つの変数のうち、「訪問者数」と「購買率」の2つを改善することを決めたとします（つまり、「平均購買単価」は他の2つに比べて改善しにくい、と判断したということです）。

そうしたら、この2つの変数を改善するにあたっての「力のかけ具合」を決めてください。例えば訪問者数を増やすことに70％の力を使い、購買率の改善には30％の力を使う、という具合です。

この割合を決める際の基準はケースバイケースです。「すぐに成果を出しやすいほうに力を注ぐ」「片方はすでにある程度改善済みなので、もう片方に力を注ぐ」「目標に対して、より足りていない変数の改善に力を入れる」など、力の入れ具合を決める要素がその都度あると思うので、状況に応じて決めるようにしてください。

最後に、改善する変数を、具体的にどのくらい改善すればどういう数値になるのか（選択した変数をどれぐらい改善するとゴールにたどり着くのか）を、EXCELで計算します。

以上が、筆者が行っている「集中する箇所を決めるプロセス」です。

集中する箇所を決めたら、後は変数を徹底的に分析して改善策を検討し、実行に移すだけです。

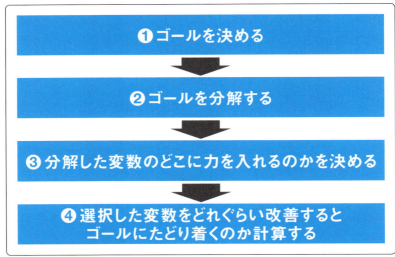

図4-10：集中する箇所を決めるプロセス

Section 06

[各種分析とグラフ作成]

絶対に覚えておくべき3つの分析

この3つを覚えれば最高に便利

　分析はそんな難しいことではなく、「物事を分けて見る」ということだと紹介しました。ただ、一言で「分けて見る」と言っても、実は様々なやり方（＝分析手法）があります。ここでは、筆者が「マーケティング担当者なら絶対に覚えておくべき」と考える3つの分析方法を紹介します。

[①トレンド分析]

　1つ目は「トレンド分析」です（図4-11）。トレンド分析は、分析対象を時系列で見て、どのように変化しているかを確認するものです（P.135参照）。トレンド分析は、「過去の売上」「会員登録者数」などの変数が上昇または下降したとき、その原因を探すときに重宝します。

　また、詳しくは後述しますが、数字思考力と組み合わせてトレンド分析すると、さらに面白い分析が行えます。

[②相関分析]

　2つ目は「相関分析」です（図4-12）。相関分析は、2つの要素間に関係性があるのか、またどれぐらい関係性があるのかを確認するものです（P.148参照）。例えば、「気温が上がるとビールが売れる」と言われますが、本当に「気温」と「ビールの売上」に関係性があるのかを数字で検証するのが相関分析です。データさえあれば、EXCELで簡単に相関分析を行えます。

[③マトリクス分析]

　3つ目が「マトリクス分析」です（図4-13）。マトリクス分析は、X軸とY軸にそれぞれ切り口の違う座標を設定して整理する分析手法です。新し

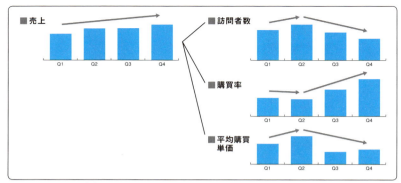

図4-11：トレンド分析のイメージ

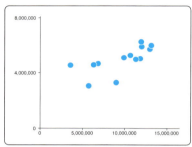

図4-12：相関分析のイメージ

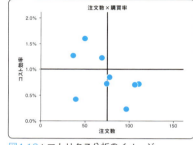

図4-13：マトリクス分析のイメージ

い気付きを導き出したいとき、物事に優先順位を付けたいときなどによく用いられます（P.160参照）。筆者は、複数の広告施策を評価するときにマトリクス分析を使うことが多いです。その際は、X軸に注文数など「成果の量」、Y軸に「コスト効率」を設定し、各広告施策を配置します。

そうすると、成果が大きくて、効率がいい広告施策はどれか、成果が少なくて、効率がいまいちなものは何かを視覚的に理解できます。

まずは3つの分析を使いこなす

筆者は普段、これらの3つの分析を組み合わせて使っています。もちろん、この3種類以外にもたくさんの分析手法がありますから、興味がある人は自分で調べてみてもよいでしょう。ただ、まずはこの3種類の分析を使いこなすだけでも、仕事のレベルが格段に向上するはずです。

Section 07 数字思考力とトレンド分析の活用例

[各 種 分 析 と グ ラ フ 作 成]

Chapter 04 STEP ❷ 集計した数字を分析する

時系列での推移を見る

　ここでは、前節で解説した「絶対に覚えておくべき3つの分析」の1つ目、「トレンド分析」の使い方について、もう少し詳しく解説します。

　「トレンド」とは「傾向、動向、流行」という意味です。時間軸での流れを私たちは「トレンド」と呼んでおり、トレンド分析も日、週、月、四半期、年の期間で区切ったものの傾向を見て、何かをあぶり出します。

　ただ、漫然と数値の推移を見るだけでは、よい発見は得られません。

　例えば、あなたがオンラインショップのマーケティング担当者だったとして、昨年1年間の四半期単位の売上推移が、図4-14のグラフのようなものだったとします。こうやって売上推移を時系列で見るのも一種のトレンド分析ですが、あなたはこのグラフから何を読み取れるでしょうか。

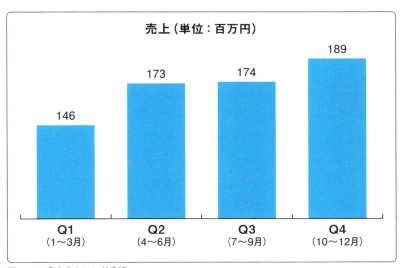

図4-14：売上のトレンド分析

まず、Q1からQ2の売上の伸びが大きいですね。Q2からQ3の伸びは少ないですが、Q4に大きな伸びを示し、その年最高の売上になっています。

このトレンドを見た売上の責任者は、おそらく次の3つの疑問を持つことでしょう。

> ① Q2の売上成長の原因
> ② Q3の成長があまりない原因
> ③ Q4の売上成長の原因

では、この3つのことを売上責任者に聞かれた場合、あなたはどう回答するでしょうか。「Q2の成長は4月の新年度で、新たに洋服を購入する人が増えたから」「Q3で成長が鈍ったのは、7～9月にお盆とシルバーウィークがあるから」「Q4の成長は年末需要のおかげ」……というように、全て季節要因で説明することも可能ですが、それだとおそらく上司は、「じゃあお前は一体何をやっていたんだ」と思うはずです。**回答に「自分たちがどんな施策をして、それが売上にどう結び付いたのか」という視点が一切入っていないからです。**もちろんマーケティング担当者としても、売上推移の要因を全て「季節のせい」で片付けていては話になりません。

そこで使ってほしいのが、本書で何度も出てきた「数字思考力」です。数字思考力を使って売上トレンドを分析すると、もっと違ったことが見えてきます。

「全体」と「構成要素の変化」を分析する

例えば、売上を「訪問者数×購買率×平均購買単価」に分解し、分解した要素のトレンドを見てみたところ、図4-15のグラフの通りだったとします。このように売上を構成している3つの要素のトレンドを見ると、より深いことが見えてきそうですよね。

まずは、売上に対して大きなインパクトを与えている変数を探しましょう。「平均購買単価」は、年間を通してあまり大きな変化はありません。

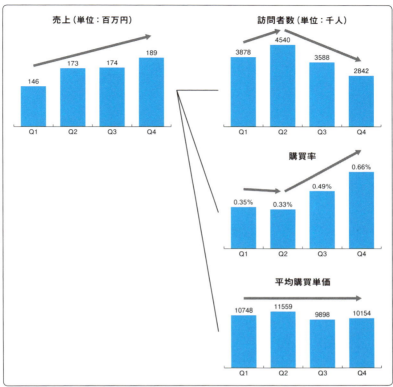

図4-15:「売上」の各要素のトレンド

「訪問者数」はQ2で増えて、Q3、Q4と下がっていますね。

同様に「購買率」はQ1、Q2ではほとんど変わっていませんが、Q3、Q4にかけて上昇しています。これを見ると、「訪問者数」と「購買率」が、売上の上下に大きな影響を与えていることがわかります。

では、これを踏まえて先ほどの3つの質問、「①Q2の売上成長の原因」「②Q3の成長があまりない原因」「③Q4の売上成長の原因」への回答を考えてみましょう。

[①Q2の売上成長の原因]

売上増加の最大の要因は、「訪問者数」がQ1と比べて大幅に（17%）増えたことです。「訪問者が増えた理由」については、あなたはマーケティ

ング担当者として、どのような施策を施し、何がうまく行ったのかを説明しやすくなるはずです。例えばこの時期に「広告を積極的に展開した」とか「SEO／SEM対策を見直した」という具合です。

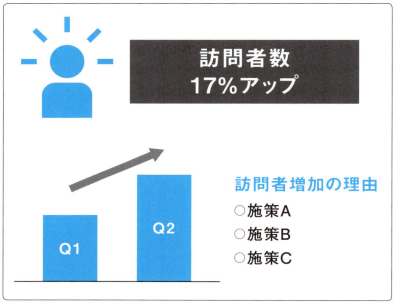

図4-16：Q2の売上成長の原因

[②Q3の成長があまりない原因]

Q3の成長が低い要因は、「訪問者数」がQ2と比べて21％減少したからです。しかし、「購買率」は48％増加したので、全体としての売上に大きな変動はなく、0.1％の増加となりました。

訪問者数が減った理由も、「費用対効果が少ない広告施策を辞めたから」など、マーケティング担当者としていろいろ考えられますね。

逆に購買率が上がった理由は、「広告施策を最適化した結果、購入の可能性が高いお客様の訪問が増えた」とか、「Webページの最適化がうまくいった」など、原因を類推できることでしょう。お盆とシルバーウィークの中で売上がマイナス成長にならなかったのは、上司に対する大きなアピールポイントにもなるかもしれません。

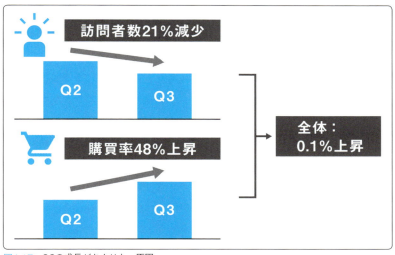

図4-17：Q3の成長があまりない原因

[③ Q4の売上成長の原因]

　Q4の売上成長の要因は、「購買率」がQ3に比べてさらに34％も向上したからです。このことから、「Q3に引き続き広告施策の効率化を行ったことで、訪問者数は減ったものの、購買率はますます向上した」「Q3から行っていたWebページの最適化を継続したことも、購買率の向上に寄与した」「購入確率が高い訪問者を増やすために、新たな施策を始めた」「よって、来期は購買率がますます向上することが期待できる」など、上司に様々な報告やアピールができそうです。

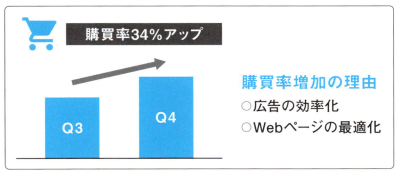

図4-18：Q4の売上成長の原因

トレンド分析も「数字思考」で

　いかがでしょうか。売上のトレンドだけを見ても売上の上下しかわかりませんが、売上を分解してそれぞれの要素のトレンドも見ることで、より深い分析ができることが何となく理解できるのではないでしょうか。

　これが、売上のトレンドだけを見ていると、「社内で売上を増やすにはどうしたらいいか」という議論になったとき、声の大きな人が「訪問者を増やせばいいんだよ、広告をバンバンやろう！」と言って、結局それに引きずられてしまうということが起こりがちです。その結果、「数ヶ月広告をやってみたけど、思ったような成果が得られない」ということになってしまうわけです。

　数字思考力を使って分解してみれば、より深いトレンド分析ができますから、真の要因が見えやすくなり、間違った打ち手を施してしまう可能性を減らすことができます。

　このように、トレンド分析を考えてみても、やはり「数字思考力」と「EXCEL」があなたの強力な武器になってくれるのです。

Section 08

[各種分析とグラフ作成]

EXCELでトレンド分析のグラフを作る

　ここでは、実際にEXCELでトレンド分析のグラフを作る方法を紹介します。トレンド分析を作るプロセスは次の通りです。

> ①目的変数を因数分解する
> ②分解した要素のデータを用意する
> ③データを整理する
> ④グラフを作る
> ⑤グラフ同士を線でつなげ、矢印でトレンドを見せる

　では、それぞれのプロセスを見ていきましょう。

①目的変数を因数分解する

　「①目的変数を因数分解する」というのは、本書で何度も登場しましたね。「売上」「会員数」などの目的変数を、数字思考力を使って「分解」することが、トレンド分析の最初のステップです。
　実はこの「変数を分解すること」が、トレンド分析で最も肝となる部分です。**この分解さえできてしまえば、その後のプロセスは難しくありません。** ぜひ数字思考力を磨き、適切な要素分解を行ってください。

②分解した要素のデータを用意する

　次にやるべきは、分析の元となる数字をそろえることです。①で分解した要素のデータが、アクセスログや社内データベースなどから集められれば最高です。そうでない場合は、自身で調査や計測を行ったり、または手に入るデータを集めて、そこから結果を類推するというやり方でもよいでしょう。

③データを整理する

このプロセスから、いよいよEXCELの出番です。データを用意したら、「見たい期間」を決めます。1年間のトレンドを分析したいのであれば、「四半期」または「月」ごとに区切るのがよいでしょう。1四半期を分析したいのなら1週間単位で分析するのが適切だと思います。分析の目的に合わせて期間を決めてください。

本書のサンプルダウンロードに、EXCELのワークシートを用意しています（P.08参照）。ワークシートは「オンラインショップの数字」という想定で、「訪問者」「注文数」「売上」「購買率」「平均購買単価」と、それぞれ項目の「10週間平均」がまとめられています。またデータ期間は「1年間」で、「週単位」の数字が並んでいます（図4-19）。

ぜひこちらを使い、実際にデータの整理をしてみてください。

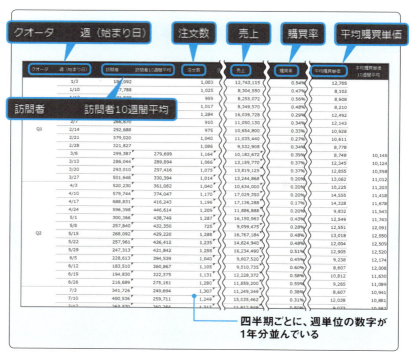

図4-19：サンプルワークシート（トレンド分析）

では、このワークシートに準じて、データの整理手順例を紹介しておきます。ここでは、このサンプルワークシートを元に、P.137で登場した図4-15のトレンド分析グラフを作成する手順を紹介します。

まず、週単位で並んでいるワークシートを、四半期単位で集計します。と言っても難しいことをするわけではなく、「訪問者」「注文数」「売上」の3つについては四半期ごとに数字をSUM関数で合計、「購買率」と「平均購買単価」については、次の数式で数字を算出しているだけです。

> 購買率＝合計注文数÷合計訪問者数
> 平均購買単価＝合計売上÷合計注文数

上記の処理を行ったのが、次の表です。

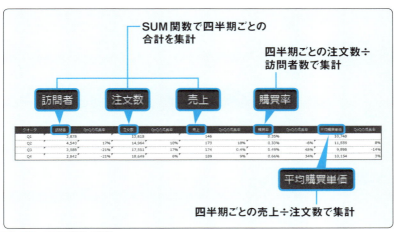

図4-20：四半期単位で集計

④グラフを作る

データを整理したら、グラフを作成します。グラフは、普通に2Dの縦棒グラフで構いません。例えば「売上」をグラフ化するなら、売上のQ1～Q4のデータを選択し、リボンメニューの「挿入」タブ、「グラフ内」で「縦棒/横棒グラフの挿入」→2-D縦棒の「集合縦棒」を選択します。これで、四半期ごとの売上推移を示す棒グラフが作成されます（図4-21）。

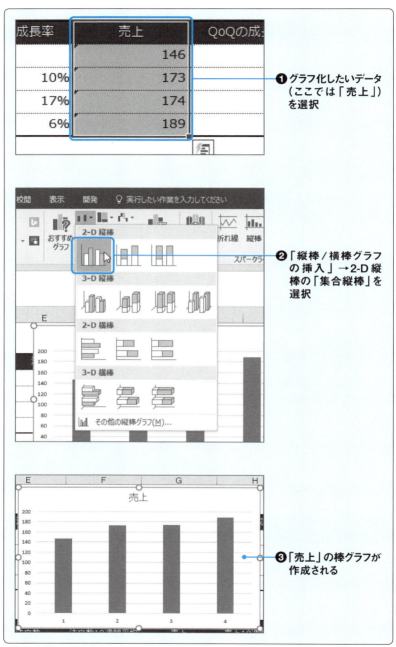

図4-21：グラフの作成

続いて、X軸とY軸も整えましょう。グラフ上で右クリックし、「データの選択」を開きます。「データソースの選択」ダイアログが表示され、この画面でグラフを構成するデータを指定することができます。

左のウィンドウ「判例項目（系列）」では、グラフにしたいデータの名前でY軸の値を指定します。今回の「売上」だけのデータにするので、特に指定は不要です。

右のウィンドウ「横（項目）軸ラベル」では、X軸で表示させたい項目を指定します。何も指定しないと「1〜4」のように表示されますが、これを変更したいときは、「横（項目）軸ラベル」下の「編集」ボタンをクリックし、X軸の項目に表示させたいデータを選択します。Q1〜Q4を選択すると、「Q1〜Q4」と表示されます（図4-22）。最後に、グラフの体裁を自分が見やすいように整えれば完了です（目盛線をなくすなど、P.233参照）。

同様の手順で、「訪問者数」「購買率」「平均購買単価」もグラフを作成していきます。

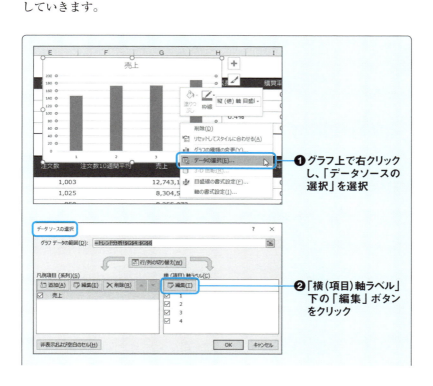

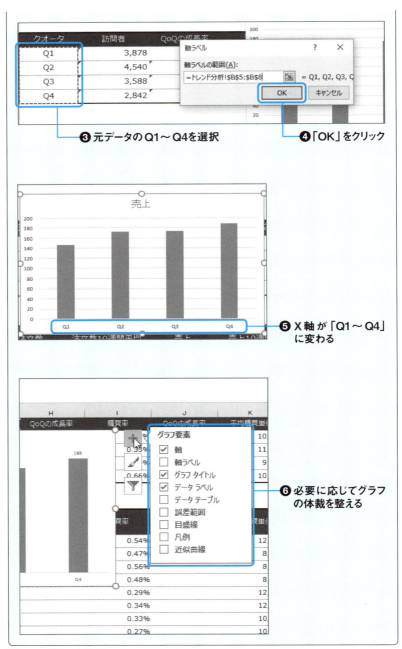

図4-22：グラフを整える

⑤グラフ同士を線でつなげて矢印でトレンドを見せる

　各分解要素のグラフを作成したら、グラフ同士の関係性がわかるように並べ、線で結んであげれば見やすくなります。

　加えて、各グラフのトレンド（数字の上下）を矢印で示してあげると、さらにわかりやすくなります（図4-23）。

　なお、言うまでもないですが、**トレンド分析のグラフを作成したら、「それで終わり」ということではありません。**グラフを見て、どの変数をどう改善すれば売上が上がるのか、その施策を考えることが最も重要です。

　その際は、常に「Low Hanging Fruit」を探し出し、PDCAサイクルを回すようにしてください。そうすれば、「売上を上げるためには、まずは集客だ!」というような、勢いだけのアプローチよりうまく行く可能性が高まるはずです。

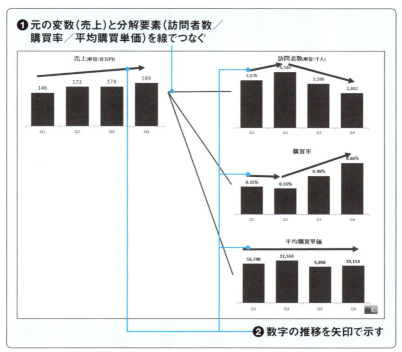

図4-23：トレンドをわかりやすく示す

Section 09 [各種分析とグラフ作成] 関係性を調べる相関分析と相関係数

2つの事象の関係性を調べる

　ここからは、P.133で解説した「絶対に覚えておくべき3つの分析」の2つ目、「相関分析」について解説します。

　相関分析は、2つの事象の関係があるかどうかを調べるときに用いられます。例えば、筆者は以前、化粧品の通信販売を手がける会社でWebマーケティングに従事していたことがあります。その会社ではテレビCMを放映してお客様に告知をし、Webサイトや電話による購入に誘導していました。

　そのようなビジネスモデルでしたから、この会社に在籍していたときは「テレビCMの放送局別の投下額」のデータを用意し、それとWebの訪問者数、購買率の関係性をよく分析していました。まさに「相関分析」ですね。

　相関分析のよいところは、テレビCMとWebの訪問者の関係性を「数値」で証明できることです。感覚的に「関係があるよね」と言うのではなく、どれくらいの関係性があるのかを把握できます。また、統計的な数値根拠があるわけですから、他人にもわかりやすく、説得力のある説明ができます。「相関分析」という言葉だけを聞くと難しく感じるかもしれませんが、実際には決して難しいわけではないので、ぜひともこの機会に身に付けるようにしてください。

相関の強さを示す「相関係数」

　相関分析を行ううえで、まず覚えておかなければならないのが「相関係数」という値です。相関係数は相関分析を行うと出てくる値なのですが、「−1」から「1」の間の数字になります。

例えば、過去1年間の「日々の気温」と「スポーツドリンクの出荷数」の相関分析を行ったとします。その結果、相関係数が「0」だったとしたら、「気温」と「スポーツドリンクの出荷数」は全く相関関係がないということを意味します。一方、相関係数が「1」だったとしたら、「気温」と「スポーツドリンクの出荷数」は完全に相関していることを意味します。つまり、気温が上がるとスポーツドリンクの出荷数も増えるということです。

逆に相関係数が「-1」だったとしたら、気温が上がるとスポーツドリンクの出荷数が減るという、負の相関があることを意味します。

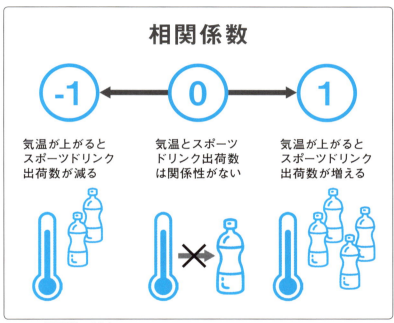

図4-24：相関係数の考え方

相関係数（絶対値）	相関の強さの目安
～ 0.3未満	ほぼ相関なし
0.3 ～ 0.5 未満	非常に弱い相関がある
0.5 ～ 0.7 未満	相関がある
0.7 ～ 0.9 未満	強い相関がある
0.9 以上	非常に強い相関がある

図4-25：相関係数と相関の強さ

Section 10 [各種分析とグラフ作成] EXCELで相関分析のグラフを作る

　実際にEXCELで相関分析のグラフを作る方法を紹介します。相関分析を作るプロセスは次の通りです。

① データを用意する
② 散布図を作る
③ 相関係数を導き出す

では、それぞれのプロセスを見ていきましょう。

①データを用意する

　相関関係を調べたい2種類のデータを用意します。データは、最低2列あれば大丈夫です。ここでも、本書サンプルのEXCELワークシート（P.08参照）をベースに解説しましょう。

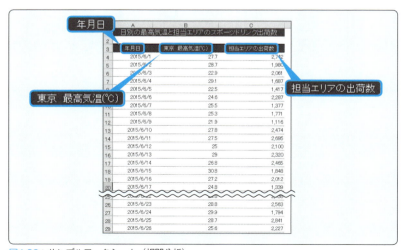

図4-26：サンプルワークシート（相関分析）

ワークシートには、A列に「日付」があり、B列に「その日の最高気温」、C列には「担当エリアのスポーツドリンク出荷数」が並んでいます。

②散布図を作る

ここでは、B列とC列を使って散布図を作っていきます。まずB列とC列を選択し、リボンメニューの「挿入」タブ、「グラフ内」で「散布図またはバブルチャートの挿入」→「散布図」を選択します。これで、「最高気温」と「スポーツドリンク出荷数」の散布図が作成されます（図4-27）。

散布図は、できるだけ正方形にすると見やすくなります。作成後、グラフタイトルを付けたり、縦横の軸ラベルを付けるなどして、見やすいようにグラフを整えましょう。

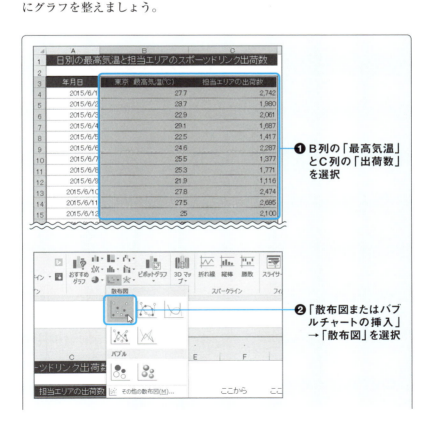

❶ B列の「最高気温」とC列の「出荷数」を選択

❷「散布図またはバブルチャートの挿入」→「散布図」を選択

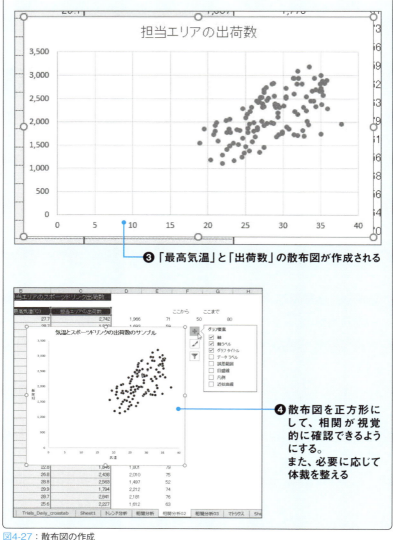

図4-27：散布図の作成

　散布図を作成したら、「2つのデータが相関していそうか」「外れ値がないか」をまずは確認します。
　「外れ値」とは、他の値から大きく外れている値のことです（図4-28）。もし外れ値があったら、なぜあるのかを調べましょう。

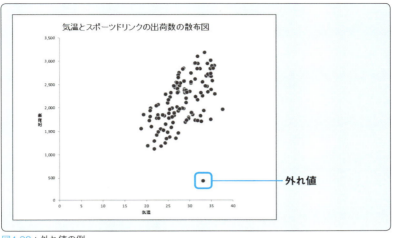

図4-28:外れ値の例

外れ値について想定される理由と対処法は、次の3つです。

・データ入力ミスならデータを修正
・再現性がほとんどない特殊なケースなら削除
・その他なら理由を探してみる

もし外れ値がなかったり、外れ値の対処を問題なく終えることができたら、続いて「相関係数」を計算します。

③相関係数を導き出す

相関係数を導く方法は3つあります。気軽にできる方法から紹介します。

[**散布図から求める**]

散布図からは、相関係数を2乗した「決定係数」を表示することができます。どちらとも2つの変数の関係性を表す値です。**「相関係数」でなく「決定係数」なのに紹介している理由は、散布図を作るとすごく簡単に表示できるからです。**「相関係数を2乗したものが決定係数」と覚えておけば、決定係数であっても、相関の強さを測る目安になるはずです。

決定係数の導き出し方ですが、散布図のデータ上で右クリックをして「近似曲線の追加」を選択します。「近似曲線の書式設定」ダイアログが表示されるので、「近似曲線のオプション」から「グラフにR-2乗値を表示する」にチェックをするだけです。

すると、グラフ上に決定係数が表示されます（図4-29）。

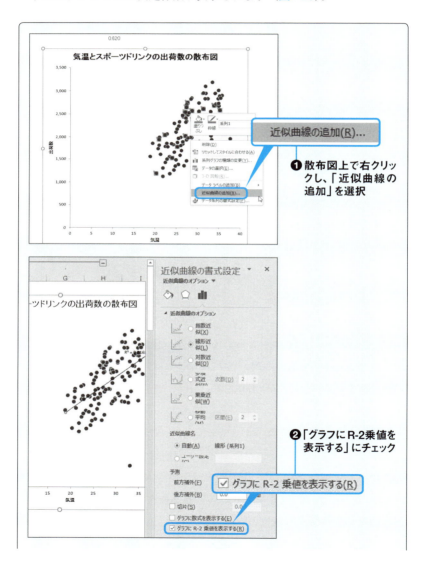

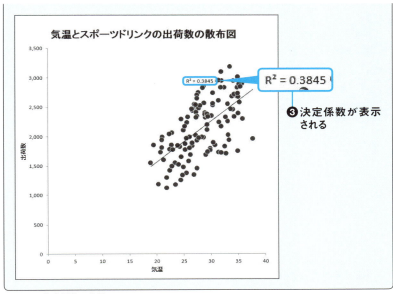

図4-29：決定係数の表示

[**CORREL関数で計算する**]

「相関」は、英語で「correlation（コーリレーション）」と言います。その初めの6文字をとった「CORREL関数」という関数を利用すれば、簡単に相関係数を求めることができます（図4-30）。

CORREL関数の構文は次の通りです。CORREL関数の中にX軸とY軸のデータをそれぞれ範囲指定すれば、相関係数が計算されます。

=CORREL(X軸のデータ範囲,Y軸のデータ範囲)

CORREL関数を利用するメリットは、相関係数を求めた後に元データを変更した場合、リアルタイムに相関係数が計算し直される点が挙げられます。一方デメリットは、3変数以上の相関分析ができないことです。

3変数以上の相関分析を行いたいときは、次に紹介する「分析ツール」を使いましょう（ただし分析ツールを使う場合、元データを変更してもリアルタイムに計算し直してはくれないので注意が必要です）。

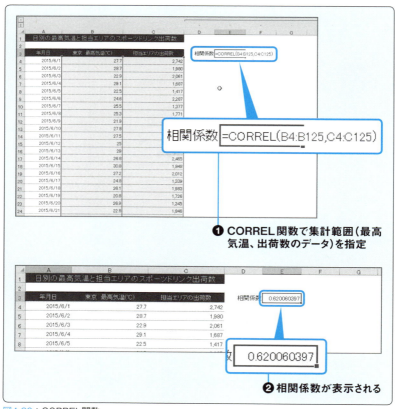

図4-30：CORREL関数

[分析ツールを使う]

　EXCELは、高度な分析を簡単に行える「分析ツール」を備えています。「分析ツール」を呼び出すには、まずファイルメニューから「オプション」を選択します。「EXCELのオプション」ダイアログが表示されるので、「アドイン」を選択し、さらに「管理」から「EXCELアドイン」を選択後、「設定」をクリックします。

　「アドイン」ダイアログが表示されるので、「分析ツール」にチェックを入れて「OK」をクリックしてください。これで設定完了です。
設定を完了すると、「データ」メニューの1番右に「データ分析」アイコンが表示されます（図4-31）。

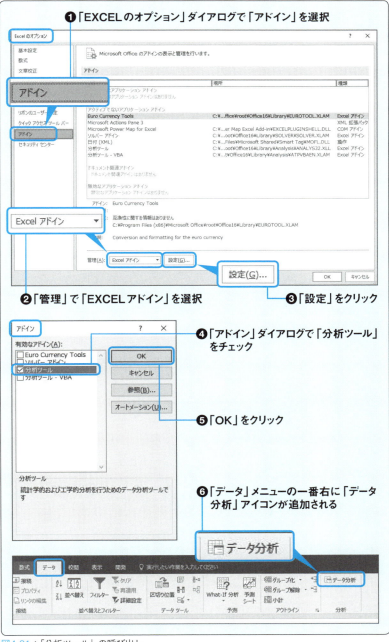

図4-31:「分析ツール」の呼び出し

では、分析ツールを使って相関分析をしてみましょう。追加された「データ分析」アイコンをクリックすると、「データ分析」ダイアログが表示されますので、「相関」を選択し、「OK」をクリックしてください。

「相関」ダイアログが表示されたら、「先頭行をラベルとして使用」をチェックします。これは、この後入力範囲を選択する際、データの項目も選択すると、出力される表に項目名が書かれてわかりやすいからです。

続いて、「入力範囲」を指定します。元のワークシートのB列「気温」と、C列「出荷数」を範囲指定してください。

最後に、相関分析の結果を出力するシートを指定します。同じシート内に出力してもよいですし、新しいシートに出力してもよいでしょう。「OK」をクリックすると、相関分析の結果が表示されます（図4-32）。

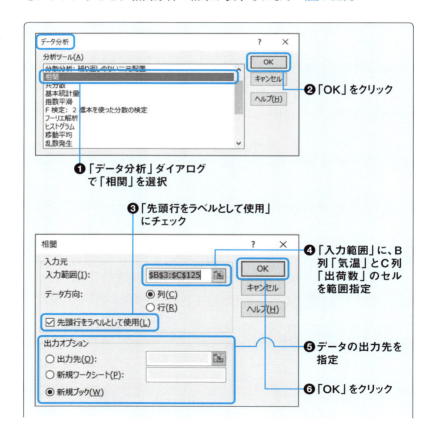

	A	B	C
1		東京　最高気温(℃)	担当エリアの出荷数
2	東京　最高気温(℃)	1.00	
3	担当エリアの出荷数	0.62	1.00
4			
5			

❼ 相関分析の結果が表示される

図4-32：「分析ツール」を使った相関分析

　分析ツールの結果を見ると、気温とスポーツドリンクの相関係数が0.62と出ましたね。すなわち両者に相関関係がある（気温が上がればスポーツドリンクの出荷数も上がる）ということが言えそうです。

　この分析結果を、より深く掘り下げてもいいかもしれません。ひょっとしたら、気温だけでなく、他の要素も出荷数に寄与していることが考えられます。例えば計測期間中に秋の運動会が数多く行われた、ということもあるかもしれません。もちろん、0.62もの相関があることがわかったわけですから、「影響の大きい重要な要素（＝気温）を見つけることができた」ということで納得するのもいいでしょう。そのときの自分の目的を達成できればバッチリです。

　いかがでしょう。相関分析を理解できたでしょうか。知るだけでなく、ぜひ実務でもできるだけ使ってみてください。

　……と言っても、誰かに「これとこれを相関分析してほしい」と依頼されることはあまりないと思います。

　ですから、**自分自身で、「この2つのデータの関係性があるのか？」と積極的に疑問に思うようにしてください。** そして実際に分析してみることで、相関分析が自分のものになります。

Section 11 [各種分析とグラフ作成] 有名な4つのマトリクス分析

　ここからは、P.133で解説した「絶対に覚えておくべき3つの分析」の3つ目、「マトリクス分析」について解説します。

　マトリクス分析は、新しい「気付き」が欲しいとき、複数の解決策の優先順位を付けたいとき、広い視点で考えたいとき、何かを評価したいときなどに役立ちます。

　マトリクスとは日本語で「行列」のことです。この場合の「行列」は、縦の行と横の列に沿って数字や記号を並べたものを指します。

　マトリクス分析のいいところは4つあります。

①**物事が整理されて見やすくなる**
②**2つの切り口に掛け合わせて新たな気付きが得られる**
③**どうしても狭くなりがちな視点を広げてくれる**
④**データの分類が簡単である**

　他方、マトリクス分析においては、分析の切り口となる「2つの軸」を探すことが難関となるのですが、最初のうちは「よくあるマトリクス」を利用してもよいでしょう（もちろん、最終的には自分オリジナルのマトリクスを作れるようになると、さらに分析力に磨きがかかります）。ここでは代表的な4つのマトリクスを紹介しておきましょう。マトリクス分析の活用イメージと合わせて確認してください。

ペイオフマトリクス

　1つ目は「ペイオフマトリクス」です。これは本書で何度も登場している「Low Hanging Fruit」を導くマトリクスです。ペイオフマトリクスは、複数のアイデアや、現在実施中の施策に優先順位を付ける際に役立ちます。

筆者の場合、横軸に「成果・効果」、縦軸に「リソースをどれくらい使うのか（実施にどのくらいのお金や人手が必要なのか）」を置いて分析することが多いです。

図4-33：ペイオフマトリクス

重要度と緊急度のマトリクス

2つ目は、「重要度と緊急度」で分けるマトリクスです。このマトリクスは、自己啓発本として有名なスティーブン・R・コヴィーの『7つの習慣』で紹介されているものです。

私たちは、図4-34にある「第Ⅰ象限」の、緊急かつ重要なことはやります。また、「第Ⅲ象限」の緊急で重要でないことも行いますが、「第Ⅱ象限」の「緊急でなく重要なこと」はやらないで終わりがちです。このマトリクスでやることを分類し、第Ⅱ象限のことに費やす時間を増やしていくこと、そして第Ⅲ象限のことを減らしたり、または効率的に行うことが重要であることを、スティーブン・R・コヴィーは教えています。

図4-34：重要度と緊急度のマトリクス

PPM

　3つ目のマトリクスは「PPM（プロダクト・ポートフォリオ・マトリクス）」です。これはボストン・コンサルティング・グループが開発したマトリクスで、事業戦略の方向性を考える際に役立ちます。

　PPMでは、「市場シェア」と「成長率」の2つの切り口で事業を分類します。具体的には「花形」「金のなる木」「問題児」「負け犬」の4つに分ける考え方です。

[花形]

　「花形」に該当するのは、成長率が高く、これから伸びていく事業です。花形なので、多額の設備投資が必要とされています。高い市場シェアを維持しながら成長すると、金のなる木に育っていきます。

[金のなる木]

　市場成長率が低いため、投資を最小限にとどめて利益を生むことができる事業です。「金のなる木」で生んだキャッシュを「花形」に投資していくことで、さらなる成長を狙うことができます。

[問題児]

　「問題児」は、市場シェアを上げて、花形に成長させたい事業です。そのために投資をして育てる必要がありません。ただ成長率が鈍化すると、「負け犬」へと移動してしまいます。

[負け犬]

　「負け犬」はシェアも成長率も低く、撤退を検討する必要がある事業です。

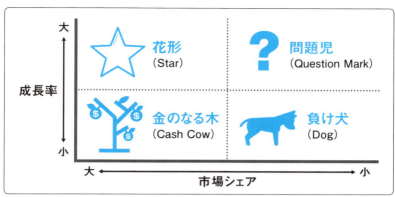

図4-35：PPM

アンゾフの事業拡大マトリクス

　最後の4つ目は、経営学者 H.I.アンゾフが提唱した、企業の成長戦略を考えるためのマトリクスです。このマトリクスでは、横軸に「製品・サービス」、縦軸に「市場」を置きます。

　第Ⅰ象限は、既存市場、既存商品で成長をする選択肢です。この場合、既存のお客様の購入、または利用頻度を上げることで成長します。

　第Ⅱ象限は、新製品を開発し、既存の市場に販売する選択肢です。例えば、日本のスポーツ自転車愛好家にビデオを販売していた企業が、さらに自転車のパーツを販売して販売商品を広げることなどが該当します。

　第Ⅲ象限は、新市場を開拓すること、既存の商品を新しい市場に販売することです。これは地理的な新市場に進出することと、別のお客様のセグメントをターゲットにする考え方です。例えば、自転車のビデオを日本で販売していたのを海外でも売る。または自転車愛好家たちに販売していたが、イメージビデオを必要としているカラオケ、飲食業を行っている企業にも販売するということです。

　第Ⅳ象限は、新商品を新市場に出していくリスクの高いオプションです。新しいビジネスを築こうとする多くのベンチャー企業がここに属します。例えば、日本でスポーツ自転車のビデオを販売していたが、海外で音楽ビデオの制作サービスを始めるような感じでしょうか。

このマトリクスは、事業をどのような方向性で成長させるのかを考えるときに役立ちます。

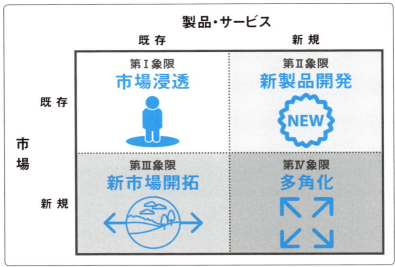

図4-36：アンゾフの事業拡大マトリクス

マトリクス分析を行うメリット

4つの有名なマトリクス分析を紹介しましたが、自分のタスクを「重要度と緊急度のマトリクス」で分析したり、勤務している会社の事業をPPMで分析したりすると、マトリクス分析のよい練習になるでしょう。

余談ですが、筆者の職場では残業をしている人があまり多くありません。「大事なことに集中すること」が周知徹底されているので、頭の中でタスクを「重要度と緊急度のマトリクス」で分類している人が多いのだろうと筆者は感じています。

また筆者は、毎四半期にその前の四半期の分析と反省を行い、次の四半期の計画を作ります。その際は「ペイオフマトリクス」を使ってタスクを分類しています。マトリクス分析を仕事の中に取り入れていくと、業務を効率化し、結果を出す可能性が高まることを、筆者は日々の業務で実感しています。

Section 12 [各種分析とグラフ作成]
マトリクスの作り方と考え方

　有名なマトリクス分析を4つ紹介しましたが、最終的には自分でオリジナルのマトリクスを作れるよう、練習しなければなりません。

　前述したように、マトリクス分析では分析の切り口（縦軸と横軸）を考えるのが重要なポイントとなります。例えば、紹介した4つのマトリクス分析の切り口は次の通りです。

マトリクス名	縦軸と横軸の切り口
ペイオフマトリクス	「成果」×「難易度」
重要度と緊急度のマトリクス	「緊急性」×「重要度」
PPM（プロダクト・ポートフォリオ・マトリクス）	「シェア」×「成長率」
アンゾフの事業拡大マトリクス	「製品」×「市場」

図4-37：4つのマトリクスの切り口

　これを見ると、「成果、難易度、緊急性、重要度、シェア、成長率、製品、市場」というキーワードが切り口として並んでいますね。

　この中から好きなものを2つ選んで新しいマトリクスを作るというのも手かもしれませんが、下手をすると分析のための分析、意味のない分析となりかねません。やはり**切り口を考える前に、まず「マトリクス分析を行う目的」を定めるほうが先決です。**

　実際、マトリクスを決める際は、次の4つのステップを踏むのが正しい手順です。

①分析の「目的」を決める
②縦軸と横軸の切り口を決める
③データを置いてみる
④各象限の意味付けを考える

　では、それぞれのステップについて見て行きましょう。

①分析の目的を決める

　マトリクス分析を行う際は、必ず何か「目的」があるはずです。トレンド分析や相対分析の解説でも同じことを言いましたが、まずは「分析の目的」を明確にし、それを忘れないことが大事です。例えば、「自社の広告施策を評価するため」とか「集客施策の優先度を確認するため」のように、必ずその分析を行う目的を明らかにしておきましょう。

②縦軸と横軸の切り口を決める

　次に、縦軸と横軸の切り口を決めます。**切り口を選ぶ際にポイントとなるのは、「相関していなさそうな切り口を選ぶこと」と、「目的にとって重要な要素を2つ選ぶこと」です。**

　「相関していなさそうな切り口を選ぶ」ということですが、相関するものを選ぶと、マトリクス分析の意味が薄くなります。例えばオンラインショップの分析を行うのに、「訪問者数」を横軸、「購入数」を縦軸に置いても、あまり面白い分析はできないでしょう。「訪問者数」と「購入数」には相関関係がありそうなので、この場合は「相関分析」を行うほうが適切です。マトリクス分析では、もっと違う角度の発見をするために行うわけですから、相関しそうもない2つの切り口を選ぶことが大前提です。

　一方、「目的にとって重要な要素を選ぶ」という点も重要です。

　例えばあなたが広告施策を評価したいとします。その際、広告ごとの「表示回数、クリック数、購入数、売上」のデータがあるとしたら、あなたはどれを選びますか？ 様々な切り口が考えられますよね。

　例えば横軸を「量」、縦軸を「効率」とするならば、横軸に「売上」、縦軸に「購入数／表示回数（表示から購入するまでの割合）」を置くと、より効率のよい広告施策はどれかが見えてきそうです。

　あるいは、効率を表す変数である「クリック率」と「購買率」をそれぞれ縦軸・横軸に置く切り口も考えられるでしょう。

　筆者ならば、どちらか1つというより、両方のマトリクス分析を作って

にらめっこすると思います。何らかのマトリクス分析を作って、すぐに興味のある考察が浮かんでくるわけではありません。

大事なことは、マトリクス分析をいろいろな軸で試してみることです（筆者も様々なマトリクス分析を作って眺めるのが好きです）。

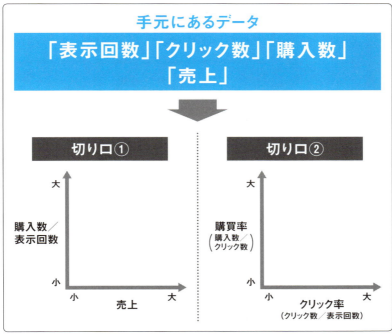

図4-38：手元にあるデータとマトリクス分析の例

③データを置いてみる

2つの切り口を決めたら、EXCELで散布図を作り、実際にデータを置いてみましょう。データを置いてみたら、「この切り口はいまいちだな」とか、「何だか面白そうだな」というのが見えてくるはずです。

例えば「クリック率」と「購買率」のデータを並べてみたとき、図4-39のようなグラフになったら、データがいい具合に散らばっているので、何か出てきそうな気がします。また、何となく左と右にそれぞれデータが固まっているのがわかりますよね。

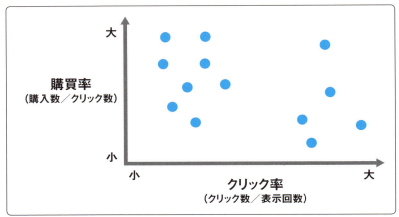

図4-39：データを実際に置いてみる

④各象限の「意味付け」を考える

1つのマトリクス分析には4つの象限ができるので、最後にそれぞれの象限に意味を付けてみましょう。P.162で紹介したPPM（プロダクト・ポートフォリオ・マトリクス）みたいに、各象限に名前も付けられたらなお素敵です。例えば、先に紹介した図4-39のマトリクスに意味付けをするとしたら、次のようになると思います。

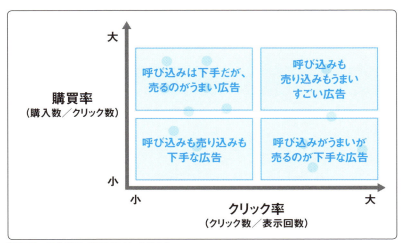

図4-40：各象限の「意味付け」を考える

もしそれぞれの象限を意味付けできたら、そのマトリクス分析は意味のあるものだと判断してよいでしょう。 逆に意味付けができなければ、「②縦軸と横軸の切り口を決める」に戻って切り口を考え直しましょう。

　例えば筆者は以前、オンラインで行っている獲得施策を評価するために、横軸に「半年間で取れた注文数」、縦軸に各獲得施策別の「顧客生涯価値（1人のお客様が生涯いくらの売上を作ってくれるのか）」を置いたマトリクスを作ってみたことがあります。その際の各象限の意味付けは、図4-41のようなイメージでした。

　それまでは、各広告施策に同じ体力を使って改善を試みていましたが、このマトリクス分析を行った結果、どの施策に力を入れて、どれを緩めるか（または撤退するか）を決めることができました。手前味噌ですが、施策評価の際に、マトリクス分析が役立った好例だったと思います。

　なお、横軸と縦軸の象限の境目をどのように決めるのかは自由ですが、筆者は各軸に置くデータの平均値、中央値をEXCELで計算して、どちらかの値を境目にすることが多いです。**大事なことは、境目の値も自分なりの根拠を持っていることです。** 境目を決める根拠がないと、質問されたときにアタフタしてしまい、せっかくの分析の信憑性が下がってしまいます。

　みなさんも、ぜひオリジナルのマトリクス分析を作ることを試してみてください。繰り返し練習し、経験を積むことで、だんだん切れ味のある縦軸と横軸のマトリクス分析を作れるようになるはずです。

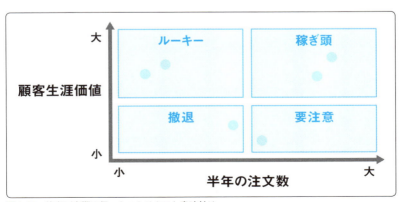

図4-41：筆者が実際に行ったマトリクスと意味付け

Section 13 [各種分析とグラフ作成] EXCELでマトリクス分析のグラフを作る

　マトリクス分析のハードルは、作る前の「考えるパート」であり、実際に作る作業は簡単です。

　ちなみに「考える作業」の1つ目は、「マトリクスで分析してみよう」と気付くこと。この本を読んでいる方ならもう大丈夫ですよね。2つ目は、縦軸と横軸を決めることです。この2つができれば、後は手元にデータさえあれば、簡単にグラフを作れます。

　マトリクス分析で利用するグラフは、相関分析と同様「散布図」です。縦軸、横軸に配置したいデータを選択し、散布図を作成してください。散布図の作り方は、P.151で説明しましたね。

　散布図を作ったら、縦棒・横棒を引いて象限を区切ったり、丸や四角の図版を足して象限のグループごとに名前を付けてもよいでしょう。図版を足す作業はEXCELではできないので、「挿入」タブの「図形」から任意の線・図形を追加しましょう（図4-42）。

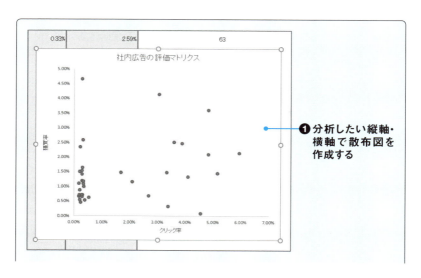

❶ 分析したい縦軸・横軸で散布図を作成する

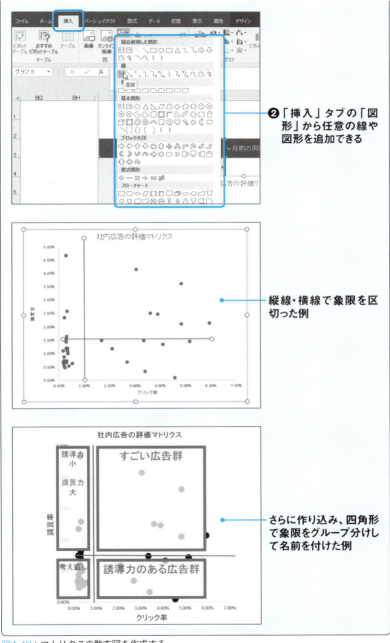

図4-42：マトリクスの散布図を作成する

各マーカーにラベルを付ける

　散布図のマーカーにラベル（名前）を付けることも可能です。この作業を行うと、マトリクス分析がぐっとわかりやすくなります。マーカーにラベルを付ける場合、散布図を選択して、右上に表示される「＋」アイコンをクリックし、「データラベル」→「その他のオプション」と選択します。

　ウィンドウ右側に「データラベルの書式設定」ダイアログが表示されるので、「ラベルオプション」内の「ラベルオプション」アイコン（棒グラフのアイコン）をクリックします。「ラベルの内容」の中の「セルの値」をチェックし、右側の「範囲の選択」をクリックして、マーカーの名前が書いてあるセルの範囲を選択すればOKです。

　すると、各マーカーのラベルが表示されます（図4-43）。マスターがたくさんある場合はラベルが重なり合って見づらくなるので、その場合は見づらいラベルを1つ1つ選択して消していきましょう。

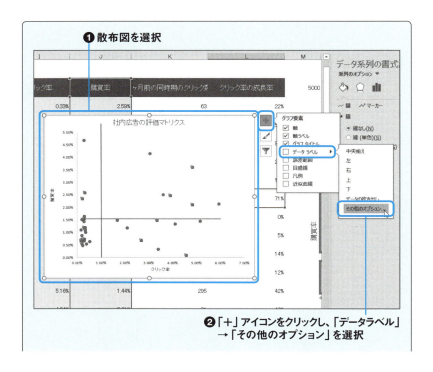

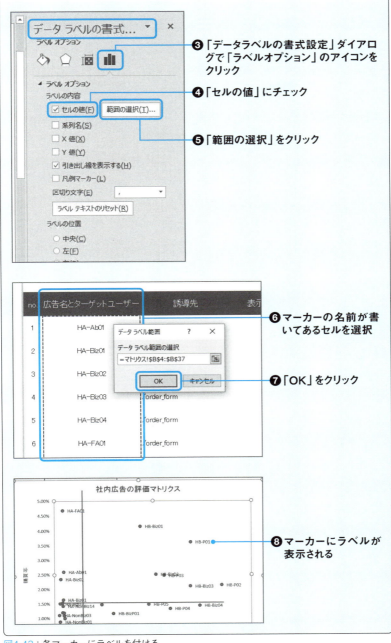

図4-43:各マーカーにラベルを付ける

マトリクス分析で何かをあぶり出せ

どの分析もそうですが、マトリクス分析も「作ったら終わり」ではありません。分析を作ったら、それから何が言えるのか、どのような行動、アクションを行うのか決めることが重要です。

図4-42（P.171参照）のように縦軸に「購買率」、横軸に「クリック率」を置いて広告施策を評価した場合、右上の象限に入るものが「購買率もクリック率も高い広告（すごい広告）」ということになります。それがわかったならば、ここに当てはまる広告を1つ多くでも増やすことを考えなくてはなりません。そのためには、他の象限（右下や左上の象限）にある施策をいかに改善し、右上の象限に移行させるかがポイントになるでしょう。

P.169で、オンラインで行っている獲得施策を評価するために、横軸に「半年間で取れた注文数」、縦軸に各獲得施策別の「顧客生涯価値」を置いたマトリクス分析を行った、という話をしたのを覚えていますか。実はあの話には続きがあります。その後本社から社長が来たのですが、**筆者のマトリクス分析を見て、「これは『いい分析』だ。でも君たちには『戦略』がない」と言われたのです。**

確かに分析に基づいて、力を入れる施策、力を入れない施策を決めましたが、全体の方向性、「勝つためのストーリー」までは描けていませんでした。そのときは、その社長に2時間以上も質問攻めにあい、ボロ雑巾のようにされてしまいました。しかし、自分を鍛えてくれた素晴らしい経験だったと今では思っています。適切な分析を行い、ゆくゆくは「戦略」まで描けるようになれば、マーケティング担当者としてはこんなに素晴らしいことはありませんね。

分析に最も重要なのは「練習」です。みなさんも、最初からいい分析をしようと思わず、とにかくたくさん分析をしてみてください。回数をこなすことで、分析力は絶対に高まります。

分析力を磨き、ゆくゆくは戦略の立案までできるようになれば、マーケティング担当者としては怖いものなしです。

第 2 部 マーケティング実務編

Chapter 05

STEP 3 分析をもとに予測を立てる

ここでは、数字に基づく予測・シミュレーションの作り方を解説します。
やや難易度が高まりますが、
マーケティング担当者であればぜひ身に付けて欲しいスキルですから、
この機会にやり方を学んでください。
なお、本章後半の解説はサンプルのワークシートが多数登場しますが、
わかりづらい点があればぜひワークシートもご参照ください。

Section 01 [基礎知識] 予測・シミュレーションを作るということ

なぜシミュレーションが大事なのか

「予測・シミュレーション」を作るということは、まだ起きていない将来について、何かを根拠に「推測」することです。

第3章と第4章でデータの集計、分析を解説しましたが、仕事の流れとしては、データを集計・分析することで何か解決の糸口を探し出し、その糸口を使って、目的達成のための施策を企画することになります。ただ、**その企画を実行するためには、その企画が解決につながるという「数字的な裏付け」が必要です。**

例えばあなたに課せられたミッションが、「伸び悩んでいる売上を上げること」だったとします。マーケティング担当としてデータをあれこれ集計・分析した結果、お客様の来店数はあまり変わっていないものの、購買率と平均購買単価が下がっていることに気が付きました。そこであなたは購買率と平均購買単価を上げるための施策を企画しましたが、その企画を実行するためには500万円の予算が必要です。当然ですが、予算を確保するためには、あなたは決裁権を持っている上司から承認をもらわなくてはなりません。

しかし、「この企画には500万円必要です！ぜひやらせてください！」と頼んでも、上司は納得しないでしょう。「分析はよくわかったけど、この企画でいくら儲かるの？」と言われて終わりではないでしょうか。

どの業種でも同じでしょうが、何か企画する際、決裁者が気にするのは次の2点です。

① **実施したい企画にかかるコストはいくらか**
② **実施したい企画はいくらの成果を生み出すのか**

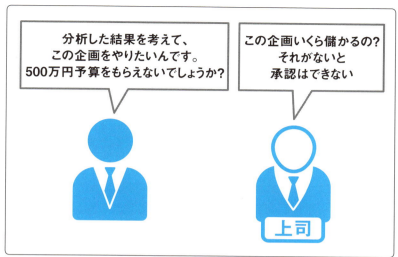

図5-1：説得には「数字的な裏付け」が必要

　今回のケースでは、①の必要コストは500万円かかることがわかっています。ただ、②については不明瞭なままでしたね。この「成果」について、過去の実績などのデータを集めて計算する必要があるわけです。これを作るのが「シミュレーション」です。**シミュレーションをEXCELで作ることで、多くの人たちの意思決定がしやすくなります。**

　余談ですが、筆者は以前、ある飲食メーカーに広告キャンペーンの企画を提案したことがあります。幸い担当者は企画内容に賛成してくれたのですが、最終的な決裁権を持っている担当者の上司は、あまり乗り気ではありませんでした。

　でも、何度かミーティングを重ねた結果、最後にその上司はこう言ってくれました。「植山さん、私は正直、この企画の面白さがわからない。でも、この数字があるからやることにします。お願いします」と。

　筆者はその企画によって得られる成果もしっかり計算したうえで提案していました。この「数字的な裏付け」があったからこそ、受注することができたわけです。このように、何かの施策を行う前に、その成果を数字で試算できることは、マーケティング担当者にとって非常に強力なスキルになるのです。

[基礎知識] シミュレーションを作る3つの意味

Section 02

　シミュレーションを作ることには、3つのメリットがあります。

　1つ目は、施策の承認が得られやすくなること。これは前節でお話ししました。数字的な裏付けがあるわけですから、上司、クライアントなどの承認者にプレゼンするときに、定量的で説得力のある話をすることができます。

　2つ目は、実施しようとしている施策について、実行前にどれぐらいの成果が出るのかをチェックできること。事前にチェックするため、もし成果がよくない場合などは、実行前に施策をブラッシュアップすることができます。つまり、未来の成功確率を上げることにつながるわけです。

　そして3つ目は、施策を実施した後に、振り返るための「基準値」となりえること。基準値がないと、その施策が成功なのか失敗なのかがわかりません。しかし基準値を定めておくことで、実行後に「基準値と比べてどうだったか」という視点で振り返ることができます。

図5-2：シミュレーションを作る3つのメリット

想定される「成果」が足りないときは……

シミュレーションを作る効果について、もう少し続けます。前節で、「コストに500万円必要な施策」の話をしましたが、もしシミュレーションの結果、この施策の想定効果が「400万円」だったとしたらどうでしょう。単純に考えて、施策を行う意味がありませんね。つまり、企画のブラッシュアップが必要となるわけです。

この場合、ブラッシュアップには2つの方向性があります。1つの方法は、企画そのものを抜本的に考え直すことです。分析によって解決の「糸口」は見えているわけですから、より費用対効果の高い企画を考えることができれば、問題は解決します。例えば企画を新たに10個考え、10個の費用対効果をそれぞれ計算して、最も費用対効果のよい企画を再提出するというのも手でしょう。

2つ目の方法は、今の企画を改善することです。コストを下げ、利益が残る形にできれば、今の企画のままでも行ける可能性はあります。

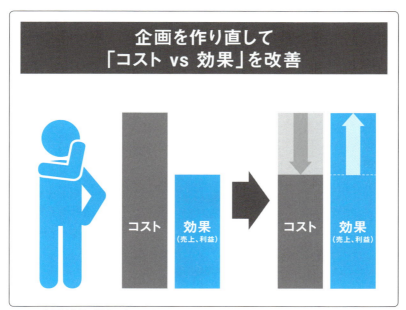

図5-3：費用対効果が見合わないときは……

「数字遊び」にならないよう注意する

ただし2つ目の方法をとるときは、改善が「数字遊び」にならないように注意が必要です。EXCELを使えば、数字上の採算を整えるのは簡単です。シミュレーション上の数字を少し書き換えれば、見た目上は利益が残るようにできるでしょう。

ただ、そのような作業に熱中すると、EXCEL上の数字がどんどん「見た目はいいが、現実離れしたもの」になりがちです。**数字遊びではなく、本当にコストと成果が改善されるように企画を見直さなくてはなりません。**

ともあれ、このように施策の実行前にシミュレーションを実行することで、事前に施策を評価できます。大事なのは、企画を考えている段階で成果を計算することです。

前述のように、プランニング段階で成果を試算することで企画を見直せますし、上司やクライアントに説明するときも、説得力のあるプレゼンを行えるようになります。また、施策後も、想定した成果と比較することで、適切な反省ができますし、またこの作業を繰り返すことで、シミュレーションの精度も上がっていくはずです。

	シミュレーションしない	シミュレーションする
プランニング段階	成果を把握できない	成果を定量的に把握できる 必要に応じて内容をブラッシュアップできる
プレゼン	内容が漠然としていて説得力に欠ける	定量的で説得力がある (他人を説得しやすい)
実行後	目標数値がある場合はいいが、ない場合は反省する基準数値が見当たらない	当初想定した結果と比較し、施策の良し悪しを判断できる 数字の肌感覚に磨きをかけることができる

図5-4:シミュレーションをしない場合／する場合の比較

Section 03 [基礎知識] シミュレーションを作るために必要なこと

シミュレーション作成時の3つのポイント

EXCELでシミュレーションを作る際は、次の3つがポイントになります。この3点を押さえておけば、必ずよいシミュレーションが作れます。

> ①「数字思考力」で物事を分解して考える
> ②繰り返し練習する
> ③当てはめる数字に「想い」を込める

では、それぞれを見ていきましょう。

[①「数字思考力」で物事を分解して考える]

シミュレーションを作るためには、売上、利益、会員登録数など、目的となる変数を分解していく必要があります。そして分解した変数の中で自分がコントロールできる値を見極め、それをEXCELに落とし込んでいきます。この作業には、本書で何度も登場する「数字思考力」が欠かせません。数字思考力は「分析」にも登場しましたが、それだけ様々なシチュエーションで使える思考法だということがわかるでしょう。

[②繰り返し練習する]

「分析」の解説でも同じことを言いましたが、分析にせよ、シミュレーションにせよ、いきなりできるようになるわけではありません。

繰り返し練習をし続けることで、シミュレーション力が身に付いていきます。簡単なシミュレーションからでよいので、EXCELを用いて積極的にシミュレーションを作ってみてください。必ず成果が出ます。

[③当てはめる数字に「想い」を込める]

シミュレーションを作ってみると、計算結果が芳しくないこともあるでしょう。前節でも触れましたが、そういうときに数字をいじって体裁だけを整える「数字遊び」に陥らないよう注意しましょう。シミュレーションに入力する値は、**自分の経験や知見に基づいた根拠のある数値を、熱い「想い」を込めて入力することが大事です。**

シミュレーションはEXCELで！

シミュレーションを作るうえで、EXCELは非常に強力かつ有効なツールです。その理由も紹介しておきます。

[多くの人が使っている]

シミュレーションの結果は、部署をまたいで共有しなければならないこともあるでしょう。その点、EXCELであれば誰もが利用しているツールなので、スムーズに共有することができます。

[EXCELは表計算が得意]

EXCELは言うまでもなく「表計算ソフト」なので、当然ながらシミュレーションを作るのにも最適です。

[難しい関数を使わずに作れる]

シミュレーションを作るのに難しいEXCEL関数は不要で、四則演算がほとんどです。シミュレーションが簡単な計算で作られていれば、他人にシミュレーションを共有したときに理解しやすく、相手にも優しいシミュレーションになります。

これから、EXCELでシミュレーションを作る方法や、間違いを防ぐコツなどを紹介していきます。みなさんもマーケティング担当者として、ぜひシミュレーションを作れるようになってください。

Section 04 [基礎知識]
EXCELでの間違いを防ぐ3つのルール

3つのルールを意識する

　EXCELでシミュレーションを作成する具体的な方法を紹介する前に、「間違いを防ぐ」ための3つのルールを解説しておきます。

　複数部署の中期計画のシミュレーションを作っていると、EXCELのシート数が5枚、10枚と増えていくことがあります。このような場合、今から紹介する「ルール」に基づいているシートと、基づいていないシートとでは、チェックのしやすさや手直しのしやすさが全く異なります。

　「あまり複雑なシミュレーションは作らない」という方もいるかもしれませんが、慣れてきたら、いずれは複雑なシミュレーションを作るケースも出てくるでしょう。そのようなときに備えて、また簡単なシミュレーションを作るときであっても、これから紹介するルールに準拠することを強くお勧めします。どれも簡単なルールばかりです。

ルール① 計算式に直接数値を入れない

　ルールの1つ目は、EXCELの計算式の中に「直接数値を入力しない」ということです。**数式の中に入れる数字は0か1だけにしてください。**数式の中に数値を入れて計算したいときは、空のセルに数値をベタ入力し、計算式はその「数値をベタ入力したセル」を参照して計算するようにします。

　これを行う理由は、後で修正と変更をしやすくなるためです。例えば「利率3%」で、20年後までの定期預金の残高を計算していたとします。

　20年ぶん、20個のセルに「=●*(1+0.03)」のように利息3%の計算式を入力していくと、例えば「利率をやっぱり1%で計算し直したい」とい

う場合、20個のセル全てを「=●*(1+0.01)」のように入力し直さなくてはなりません。20個くらいならば1つ1つやってもよいかもしれませんが、何百、何千となったら、とても手作業ではやっていられないでしょう。もちろん、思わぬ入力ミスをする可能性も高まります。このとき、計算式の利息3%だけを別のセルに書いて絶対参照させれば（絶対参照についてはP.220参照）、そのセルを変更するだけで20個全ての計算式が変更されることになり、大変便利です。

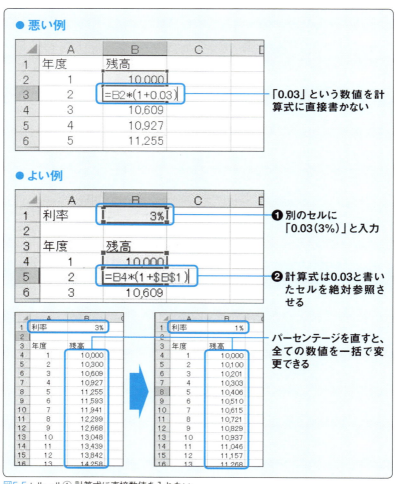

図5-5：ルール① 計算式に直接数値を入れない

ルール② 計算式の中に別シートを参照しているセルを入れない

2つ目のルールは、1つ目のルールと似てますが、「他のシートにあるセルを計算式の中に入れない」ということです。

別シートの値を使って計算したい場合は、直接別シートの値を参照させるのではなく、まず同一シート内に、別シートの値を持ってくるセルを作ってください。そして、**計算はシート内のセル同士で行うようにしましょう。**

なぜそうするかという理由ですが、シミュレーションのチェックの際に便利だからです。セルに計算式を入力している場合、そのセルをダブルクリックするか「F2」キーを押すと、入力された計算式を見ることができ、また計算に使っている他のセルをハイライトしてくれます。

このとき、**同一シート内で計算が完了していれば、一目でどのセルを使って計算しているのかを確認できます。**しかし、計算式の中に別シートを参照している値があると、本当に正しい値を参照しているかどうかが一目ではわかりません。また、確認するためには、その都度別シートを開く必要があります。1、2回なら大した手間ではないでしょうが、何十回も確認するとなると、大変な手間がかかります。

また、他人からEXCELシートを受け取って計算内容を確認する際、計算式の中に別シートの値が参照されていたら、「勘弁してくれよ、どの値を参照しているわかりづらいよ」と感じるものです（筆者も、何度も経験があります）。

後から見直す際の手間と間違いを減らすために、ぜひこのルールを習慣付けてください。

最初は面倒に感じるかもしれませんが、一度行ってみると、見直しが楽なことに気付き、やめられなくなるはずです。

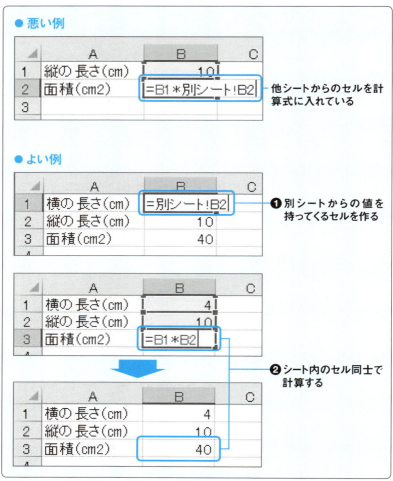

図5-6：ルール② 計算式の中に別シートを参照しているセルを入れない

ルール③ 入力した値にルールに準じた色を付ける

　3番目のルールは入力した値に色を付けるというルールです。このルールはとても単純ですが、実行すると非常に有効です。具体的には、入力する値を4種類に分類して色分けしてください（図5-7）。

　この文字色のルールを筆者に教えてくれたのは、投資銀行に勤めていた友人でした。「間違いを減らすために文字に色付けしてるんだ」と言う友

ルール	文字色
数値入力した数字	青
別シートを参照している数字	緑
計算している数字	黒
変動する条件を参照している数字	赤

図5-7:文字色のルール例

人に、「何かEXCELの機能を使って自動的に色付けしてるのか」と尋ねたところ、「1つ1つ手作業で色付けしている」とのこと。最初は「間違いを減らすためとはいえ、面倒なことをしているな」と思ったのですが、実際に自分がやってみると、確かに素晴らしい方法だと実感しました。

　なぜなら、**この色付け作業自体も、よいチェックになるからです**。色付けするとき、「あ、これは計算が必要なセルだよね、間違ってないな」という具合に、シミュレーションのよい確認になるのです。

　また、その後の見直しの際も、文字色が付いていると、例えば青文字の部分は「ここはベタ入力をしているセルだな」と1発でわかるので、チェックが効率的になります。

　すごく単純なルールなのですが、本当に強力なルールであることを、実際にやってみると感じてもらえるでしょう。

　余談ですが、筆者は以前、スタートアップ企業の事業計画のシミュレーションを作成したことがあります。膨大なシミュレーションだったので、作成自体にも四苦八苦したのですが、提出後に1か所間違いに気付いてしまいました。

　ありがちなのですが、1か所を見つけると、立て続けに間違いが見つかるものです。結局、間違いを見つけては対応し、見つけては対応し、という深みにはまり、散々苦労したことを覚えています。

　そのときも、もしここで紹介した「3つのルール」に則ってシミュレーションを作っていたら、そのような事態にならなかったと思います。みなさんも、ぜひここで紹介したルールを実践するようにしてください。

Section 05 [基礎知識] シミュレーションを作る基本手順

　ここからは、実際のシミュレーションの作り方を解説します。なおここで作成するシミュレーションのEXCELは、本書のサンプルワークシートとしてダウンロードできます。サンプルを見ながら読み進めると、より学習効果が高まると思います（P.08参照）。

　さて、シミュレーションは次のような手順で作成します。筆者自身も、大体この手順でシミュレーションを作っています。

> ①前提条件を書き出す
> ②表の枠を作る
> ③表に計算式を入力する

　今回は、ある架空の旅行サービス会社のシミュレーションを作ってみます。背景を説明しておくと、この会社はインターネット上で旅行に関する情報提供を行っています。Webサイトの広告収入と、Webサイトを通じた旅行の予約斡旋料が、この企業の主な収入です。

　サービスを立ち上げて2年、Webサイトの訪問者は少しずつ増えてきましたが、この企業ではもっと無料会員を増やしたいと考えています。創業時から、会員の獲得は「1件無料会員を獲得すると4000円を支払う」という形の成果報酬型広告に頼ってきましたが、昨今は競合企業も増え、思うように人数を集められません。そこで、ユーザーに様々な情報を提供するメディアサイトを新たに立ち上げることにしました。このメディアサイトへの訪問者を、無料会員登録に誘導したいという考えです。

　メディアサイトの制作実績があるパートナー企業も見つかったので、このメディアサイトの費用対効果（どれほどのコストがかかり、従来からどれほどの節約になるのか）をシミュレーションすることにしました。

　このような背景のもとに、シミュレーションを作っていきましょう。

[①前提条件を書き出す]

最初のステップは、前述のようにシミュレーションの「前提条件」を書き出すことです。前提条件とは、シミュレーションのもととなる「数字」のことです。今回の例では、「パートナー企業が過去に手がけたメディアサイトの実績（月間訪問者）と制作費」をもらえたと仮定し、これを前提条件とします。

図5-8：パートナー企業の実績および制作費を書き出す

[②表の枠を作る]

次にシミュレーションの計算をする表の大枠を作ります。まず、横枠に計算する期間を取ります。ここでは2017年に立ち上げたとし、そこから2年間で計算することにしました。

縦枠には、シミュレーションする項目を書いていきます。最初から細かな要素に分解して項目を書ければよいですが、不慣れなうちは難しいでしょうから、思い浮かぶ「大きな要素」から書き出してみましょう。前提条件である「パートナー企業が過去に手がけたメディアサイトの実績（月間訪

問者）と制作費」から試算できそうな項目を考えてみてください。今回の最終目的はこのメディアサイトの「費用対効果」を出すことなので、次のようなものが思い浮かびます。

> ①メディアサイトによって集客する想定訪問者
> ②メディアサイトの訪問者から無料会員登録をする想定会員数
> ③②の会員数を獲得するのに、今までのやり方ならいくらかかるか
> ④メディアサイトの制作費
> ⑤従来の方法の代わりにメディアサイトによって行った場合節約できるコスト（③から④を引いた数字）
> ⑥費用対効果（かかる費用と節約できる費用の比較）が一目でわかる数値

なお、シミュレーションでは、前提条件と様々な要素を掛け合わせて、たくさんの計算をします。シミュレーションの結果はプレゼンの際にも用いるでしょうから、自分だけでなく、他人から見てもわかりやすいものにすべきです。そう考えると、**上記⑥の「費用対効果」のような、他人が一目でわかる数値を1～2個入れておくのはとても大事なことです。**

では、これらの「大項目」をEXCELの表に書いていきましょう。

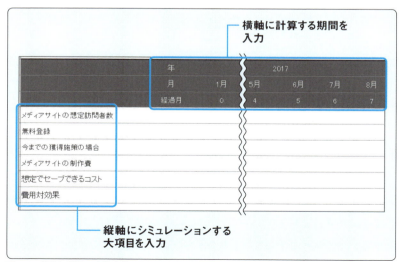

図5-9：横軸と縦軸の大枠を決める

大きな項目がわかったら、どう計算すればそれらの項目を割り出せるのか、ツリー図を考えてみます。この場合、ツリー図は次のようなものになります。

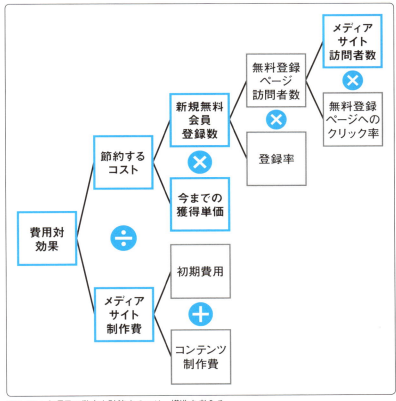

図5-10：大項目の数字を計算するツリー構造を考える

　このツリー構造が出せたら、後はそれを、縦軸の項目にさらに落とし込んでいきます。大項目の下、右隣のセルに書くと、その項目が大項目に属する「中項目」であることがわかりやすくなります。また、中項目の右隣に、単位も書いておくとなおわかりやすいでしょう。縦に全て書き出すと、項目は図5-11のようになります。

　このように横軸・縦軸の枠組みを最初に作っておくと、どのセルを埋めたらよいのかが一目でわかり、全体感をつかみやすくなります。

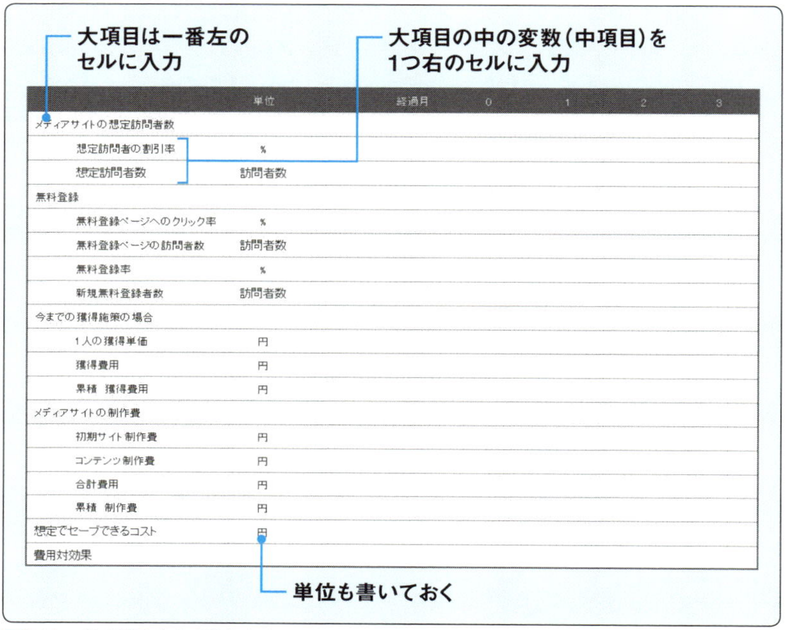

図5-11：縦の項目を全て書き出す

[**③表に計算式を入力する**]

　最後に、ブランクのセルに計算式を入力していきますが、その前に「値がわかっている数字」を入力してください。例えば、既存の方法での「1人当たりの獲得単価」は4,000円なので、「1人当たりの獲得単価」の項目に4,000と入力します。また、「メディアサイトの制作費」も前提条件の数字として持っているので、それぞれ入力します。ベタ入力しているので、文字色は青にするのを忘れないでください（P.187参照）。

　次に、計算が必要なセルに計算式を入力します（図5-12）。P.191で考えた「ツリー図」に合わせて計算式を入力していきましょう。なお計算式は、簡単な四則演算でも構いませんが、自身が知っている関数を用いても構いません。サンプルのワークシートでも一番上の「想定訪問者数」は、FORECAST関数を用いて計算しています（サンプルでは、FORECAST関数で計算した値に割引率を置いて8割掛けにしたりできるようにします）。FORECAST関数は回帰分析の関数ですが、詳細はP.204を参照してください。

値がわかっている数字を
青文字で最初に入力

今までの獲得施策の場合					
1人の獲得単価	円	4,000			
獲得費用	円				
累積 獲得費用	円				
メディアサイトの制作費					
初期サイト制作費	円		3,000,000		
コンテンツ制作費	円			1,000,000	1,000,000	1,00

		年					2017
		月	1月	2月	3月	4月	5月	6月
	単位	経過月	0	1	2	3	4	5
メディアサイトの想定訪問者数								
想定訪問者の割引率	%	80%						
想定訪問者数	訪問者数			19,004	44,330	69,656	94,983	120,309
無料登録								
無料登録ページへのクリック率	%	0.5%						
無料登録ページの訪問者数	訪問者数			95	222	348	475	602
無料登録率	%	10%						
新規無料登録者数	訪問者数			9	22	34	47	60
今までの獲得施策の場合								
1人の獲得単価	円	4,000						
獲得費用	円			36,000	88,000	136,000	188,000	240,000
累積 獲得費用	円			36,000	124,000	260,000	448,000	688,000
メディアサイトの制作費								
初期サイト制作費	円		3,000,000					
コンテンツ制作費	円			1,000,000	1,000,000	1,000,000	1,000,000	1,000,000
合計費用	円		3,000,000	1,000,000	1,000,000	1,000,000	1,000,000	1,000,000
累積 制作費用	円		¥3,000,000	4,000,000	5,000,000	6,000,000	7,000,000	8,000,000
想定でセーブできるコスト	円		-3,000,000	-3,964,000	-4,876,000	-5,740,000	-6,552,000	-7,312,000
費用対効果			0.0	0.0	0.0	0.0	0.1	0.

計算式を入力してシミュレーション
を完成させる

図5-12:計算式を入力して表を完成させる

　ここまでがシミュレーションを作る基本手順となります。

　最初からここで紹介したようなシミュレーションを作るのは難しいでしょうが、もっとシンプルなものから試してみてください。シンプルなシミュレーションでも、**シミュレーションに使える「前提条件」を書き、シミュレーションの表の大枠を決め、それぞれの計算式を入力するという基本手順は同じです。**

Section 06 [基礎知識] シミュレーションの結果が現実の結果と異なる理由

予測には「根拠のある数値」を使う

　シミュレーションの表に数値を当てはめていく際は、なるべく「根拠のある数値」を使うようにしてください。そうでないと、シミュレーションの結果が非現実的なものになってしまうからです。

　実績値があるなら実績値を入力すべきですし、適当な実績値がない場合は、よく似たケースを探し出してその数値から類推していくべきです。

　シミュレーション慣れしている上司や取引先であれば、「この数値はどうやって出したのか」と絶対質問すると思います。なぜなら彼らは、シミュレーションでは数値を適当に入力すれば、簡単に見栄えのいい結果を出せることを知っているからです。

　そもそもシミュレーションは、「未来」を現実的に予想するために行うものです。ですから、**なるべく客観的な数値、なるべく根拠のある数値を利用すべきなのです。**

　ただし、全ての数値を客観的に作れるわけではありません。そんなときは、自分の数字の肌感覚を使い、主観的に考えることも必要となります。

　例えば前節で制作したシミュレーションには「想定訪問者の割引率」という項目があり、80％という値を入力しています（図5-13）。

　これはつまり、訪問者数が想定の「8割」しか届かなかったとき、どういう数字になるかを試算するものです。もちろん、実際にプロジェクトを遂行するときは100％の想定訪問者数を出せるように頑張るわけですが、シミュレーション上は「幾分か割り引いた計算」もしておくべきだろうという考えから加えた項目です。正直、この割引率「80％」という数字に明確な根拠があるわけではないのですが、これは筆者が肌感覚的に「このくらいの割引が適当じゃないか」と感じる値を設定しています。

このように、客観的な視点と、主観的な視点を上手に交えて、シミュレーションの計算式を埋めていくことが大切です。

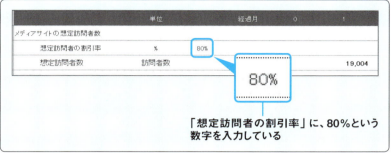

図5-13：想定訪問者の割引率

計算結果と現実の結果が大きくズレたら？

1つ1つのセルになるべく現実的な値を入力しても、いざふたを開けてみると、シミュレーションの結果が現実の結果と大きくかけ離れてしまうこともあります。その理由は、もちろん施策そのものの成功・失敗にも起因するのですが、それ以外には次の2つの理由が考えられます。

①計算の構造が現実とズレていた
②シミュレーションに使った数値が現実とズレていた

それぞれどういうことか詳しく見てみましょう。

［ ①計算の構造が現実とズレていた ］

「計算の構造が現実とズレていた」というのは、想定した計算式の「ツリー構造」（P.191参照）から、大切な要素が抜けていたということです。これは、実際にもよくある例です。

例えば、バナー広告の効果（バナー広告経由の訪問者数）をシミュレーションする際に、「表示回数×クリック率」で計算していたのに、実際には「表示回数×クリック率×割引の適用」のように、もうワンクッション入っていた、というパターンなどが考えられます。このワンクッションが

入っていたことにより、シミュレーション結果と現実の結果がかけ離れてしまったわけです。

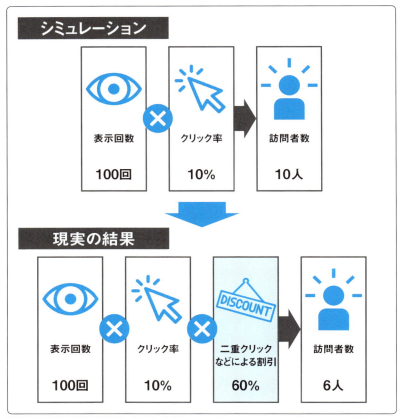

図5-14：計算の構造が現実とズレていた例

[②シミュレーションに使った数値が現実とズレていた]

　シミュレーションに使った数字が、現実の数字とかけ離れていた、というケースもあり得ます。この理由は、季節・商品特性・メディア特性など、様々に考えられます。

　例えば、化粧品のニュースサイトや情報サイト、ブログなどのページに夏の化粧品キャンペーンのバナーを掲載するとします。シミュレーションでは、クリック率を「10%」として計算していました。10%にした理由は、

過去に化粧品の口コミサイトにバナー広告を掲載したときのクリック率がそのくらいだったからです。

でも、ふたを開けてみると、バナー広告のクリック率は「0.1%」でした。これでは、シミュレーションの結果が現実の結果とかけ離れるのは当然です。ここまでクリック率が想定と異なった理由は、そもそも掲載するWebサイトの特性が違うこと、サイトの訪問者のニーズとバナーの訴求度に差があったことなどが考えられるでしょう。

このようなことも珍しくないので、シミュレーションで使う数字には十分注意すべきですし、後の検証のためにも、シミュレーションの構造にも注意を払っておかなくてはなりません。

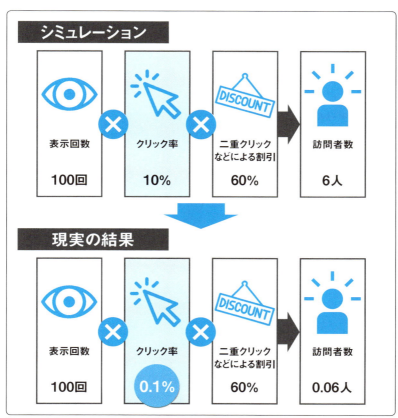

図5-15：シミュレーションに使った数値が現実の数値とズレていた例

Section 07 [シミュレーションの作成]
回帰分析から予測を作る

分析から予測が作れる?

　P.188では、物事を分解して、各要素に計算式を当てはめていくことでシミュレーションを作る方法を紹介しました。これがシミュレーション作成の基本的なアプローチとなりますが、これに加えて「分析」から予測を作る方法を押さえておけば、実務でかなり役立ちます。

　予測に役立つ分析として、「回帰分析」「トレンド分析」「感度分析」の3つが挙げられます。ここからは、それぞれの方法を解説していきましょう。

　まずは「回帰分析」からです。

回帰分析から予測を作る方法

　第4章で「相関分析」を紹介しました。相関分析は、例えば「気温」と「スポーツドリンクの出荷量」のように、2つのデータが関係しているかどうかを相関係数によって調べるものでしたね。

　ここからさらに一歩進めて、例えば「明日の予想最高気温が28度なら、スポーツドリンクの出荷数はどうなるか」を計算するのが回帰分析です。回帰分析から予測値を導き出す方法は3つあります。

> ①グラフから回帰式を求めて予測値を計算する
> ②分析ツールから回帰式を求めて予測値を計算する
> ③FORECAST関数で予測値を計算する

　では、それぞれの方法を解説します。ここでは、テレビ通販を例にとりましょう。このテレビ通販の「CM投下額」をもとに、SEOの売上予測を行います。なお、本書サンプルのEXCELワークシートでは、1年ぶんの

テレビCM投下額とSEO、SEMの売上データを用意しています。これを使って回帰分析を行うので、みなさんもぜひ自身で試してみてください。

散布図を使って相関を見る

この方法の最初のステップは、SEOの売上とテレビCM投下額の相関を調べるために、散布図を作成することです。図5-16はワークシートのサンプルをもとに作った散布図です。これを見ると、両者に相関関係がありそうですね。実際、CORREL関数（P.155参照）でワークシートのテレビCM投下額とSEO売上の相関係数の数字を計算すると、「0.62」という数字になります。実務で相関係数が0.6以上になることはそう多くはありません（筆者はたとえ相関係数が0.4程度でも、ある程度相関関係があると見なし、回帰分析によって予測値を計算してもいいと思っています）。

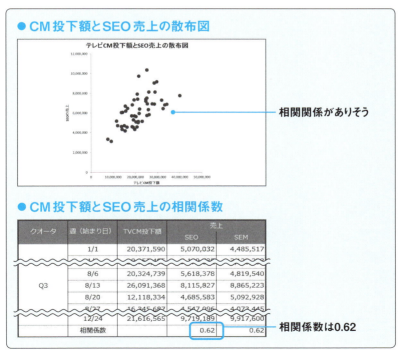

図5-16：相関を確認する

次に、回帰式を求めて予測値を計算します。前述した通り3つの方法があるので、それぞれ紹介しましょう。

[①グラフから回帰式を求めて計算する]

マーカーの上で右クリックして「近似曲線の追加」を選択すると、近似曲線が表示されます。「近似曲線のオプション」で「グラフに数式を表示する」にチェックすると、散布図に「y=ax+b」の回帰式が表示されます。**追加された近似曲線が、「将来的な売上推移の方向である」という仮説が成り立てば、表示された数式は売上変化の予測に活用できます。**

ちなみにサンプルでは、「y=0.15x+3,060,869.18」という回帰式が表示されますが、「x」にテレビCM投下額を代入すれば、SEOの売上の予測値「y」を算出できることになります。この値をEXCELに入力して計算してみてください（図5-17）。この方法のよい点は、散布図から回帰式を求めているので、原理を理解しやすい点です。

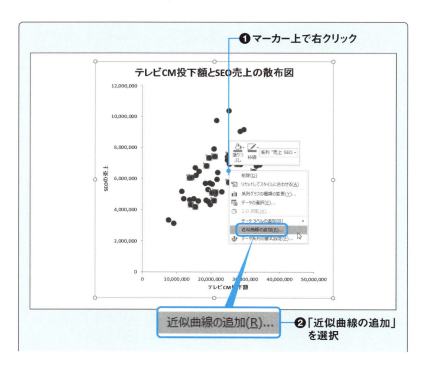

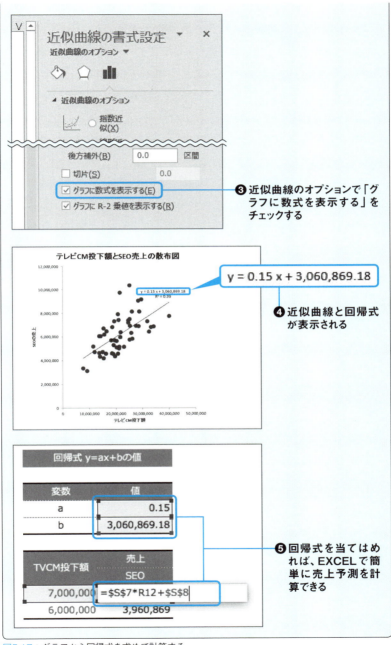

図5-17：グラフから回帰式を求めて計算する

[②分析ツールから回帰式を求めて予測値を計算する]

　P.156で紹介したEXCELの「分析ツール」でも回帰分析を行えます。分析ツールを使う大きなメリットして、3変数以上の回帰分析が可能な点が挙げられます（3変数以上の回帰分析を「重回帰分析」と言います）。

　分析ツールで回帰分析を行う場合ですが、「データ分析」アイコンをクリックして分析ツールを立ち上げ（P.157参照）、「回帰分析」を選択します。「回帰分析」ダイアログが起動するので、「入力Y範囲」にSEOの売上の範囲を選択、「入力X範囲」にテレビCM投下額のデータの範囲を指定してください（指定した範囲の先頭が項目名の場合は「ラベル」にチェックします）。「出力オプション」に新規ワークシートをチェックして「OK」をクリックすると、新規ワークシートに回帰分析の結果が表示されます（図5-18）。

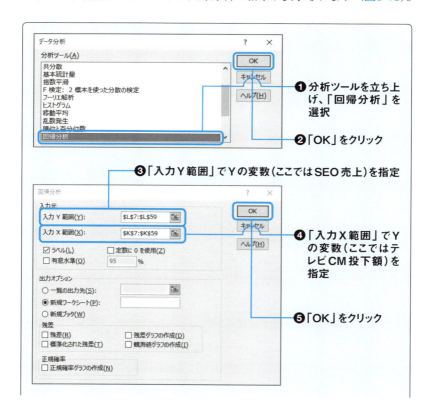

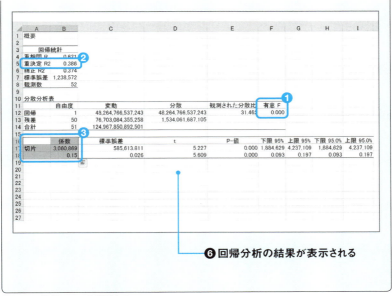

図5-18：分析ツールを利用する

　シートには様々な数字が書かれていますが、見るべき数字は3つです。

　まず「有意F」という項目の値が0.05より小さい値かどうかを見てください。これは回帰式が成り立つかどうかを知らせてくれる値です。0.05より小さい場合、この回帰分析は「成り立つ」と判断できます。

　この値の意味ですが、回帰式の全ての値が「0でありそうな確率」を表しています。とにかく、「0に近いほうがよい値」だと思ってください。

　次に、「重決定R2」という項目をチェックします。

　これは、相関係数を2乗した決定係数で、回帰式の「精度」を表します。0から1の範囲の値になり、1に近ければ近いほど回帰式の精度が高いことを意味しています。

　サンプルの例では約0.39（0.386）ですが、これは「SEOの売上はテレビCMの投下額によって39%説明がつく」という意味になります。

　最後に、「係数」欄を見てください。ここには、回帰式の$y=ax+b$の回帰係数と切片が表示されます。つまりこの例だと「$y=0.15x + 3,060,869.18$」という回帰式が導き出されていることになります。

回帰分析が完了したら、回帰係数と切片の値を使い、①の方法と同様にSEOの想定売上を計算できます。

なお、「回帰統計」には5つの項目が並んでいますが、これらは「回帰式の当てはまりのよさ」を示す変数ですので、概要を紹介しておきます。

項目名	概　要
重相関R	「重相関係数」と呼ばれる。回帰分析のときは「相関係数」を指す。よって、−1〜1の値をとる。絶対値が1に近いほど回帰式の精度がよいことを表す
重決定R2	重相関係数を2乗した値。データ全体の何%が回帰式によって説明できるかを示してくれる
補正R2	「自由度調整済み決定係数」と呼ぶ。重相関R、重決定Rは、重回帰分析において説明変数が増えると1に近づく性質を持っているが、その影響を受けないのが補正R2となる。説明変数が1つの回帰分析（単回帰分析）の際はあまり見る必要はないが、3変数以上の重回帰分析のときは、この値を見て回帰式の精度をチェックする
標準誤差	回帰式から求められる予測値のばらつきを示す。この値が小さいほど回帰式の精度が高い
観測数	回帰分析に使ったデータ数

図5-19：「回帰統計」の各項目の意味

[③FORECAST関数で予測値を計算する]

FORECAST関数を使って予測値を計算するのが、実は一番手っ取り早い方法です。このやり方であれば、回帰式を意識せずに予測値を計算することができます。また、**これまでの2つの方法と違い、回帰式の回帰係数と切片を自分で手入力して計算式を作るわけではないので、元データが変わったときには、リアルタイムで予測値が変わります。**とても便利な関数なので、回帰式を理解したうえで使うことをお勧めします。

FORECAST関数では、2種類の過去のデータと想定するXの値を入力すると想定値を計算してくれます。関数の構文は次の通りです。

FORECAST(x, 既知のy, 既知のx)

　上記構文の「x」には、予測のための値を指定します。今回の例だと「テレビCM投下額」を当てはめます。

　「既知のy」には、「過去のyのデータ範囲」を指定します。今回の例だと、過去のSEOの売上データの範囲を指定します。

　「既知のx」には、「過去のxのデータ範囲」を指定します。今回の例だと、過去のテレビCM投下額の範囲を指定します。これだけで、予想値を作ることができます（図5-20）。

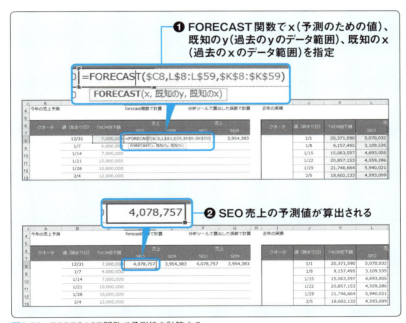

図5-20：FORECAST関数で予測値を計算する

　以上、回帰分析の方法を3通り紹介しました。どれも特徴がある方法ですが、まずは①の散布図から計算する方法と、③のFORECAST関数を使う方法を覚えればよいでしょう。余裕があれば②の分析ツールまで手を伸ばしてみてください。

Section 08 [シミュレーションの作成] トレンド分析から予測を作る①

過去実績をもとに未来を計算する

　トレンド分析は、過去のデータを分解し、売上や会員登録者数などの変数がなぜ上昇／下降したのか、その原因を把握するものです。詳しくはP.135で解説しましたが、このトレンド分析は、過去の分析だけではなく、未来の予測にも使えます。簡単に言えば、**過去のトレンドを未来に引き継いで予測を作る**ということです。

　トレンド分析による予測では、下図のように売上の過去実績と予測をグラフで表現できるので、とても見やすいのが特徴です。

図5-21：トレンド分析による予測のイメージ

しかし、例えば売上の予測をするとして、売上の成長率を適当に掛け算をするのでは、「予測」とは言えません。

トレンド分析とは売上を「訪問者」「購買率」「平均購買単価」などに分解し、各要素のトレンドを分析するものでしたが、トレンド分析による予測では、これら訪問者、購買率、平均購買単価など推移を予測することで、自動的に売上予測を計算していきます。**このように「目的変数を構成する変数」の変化で目的変数が計算されるのが、トレンド分析の面白いところです**（詳しくはP.210で解説します）。

なぜ、売上を直接「売上成長率」から計算せずに、訪問者、購買率などを成長させて計算させると言えば、売上そのものは自分が直接操作できる値ではないからです。

自分が直接改善できるのは、訪問者、購買率、平均購買単価などの要素のはずです。そこで、直接改善できる数値を改善することに努め、結果として売上が改善されることをトレンド分析で描くわけです。

目標を設定するときの考え方

予測を立てる際は、当然「目標」も設定するわけですが、目標を作る方法は2通りあると考えられます。1つ目は「こうなったらいいな」というあるべき目標を作る方法、2つ目は現実的に数値を積み上げて目標を作る方法です（ちなみに3つ目の方法として、会社、上司から「お前の来年の目標はいくらだ!」と無茶苦茶な目標を押し付けられるというのもありますが、それはここでは省略します）。

筆者は、1つ目と2つ目の両方の目標を作る、すなわち2つの目標を作ることをお勧めします。具体的には、1つ目の方法でストレッチ目標（少し背伸びをした目標）を作ります。例えば、今年の第四四半期の売上が2億円弱だったのに、来年の第四四半期の目標値を「3億円」にするという具合です。このとき、「来年の第四四半期の売上が3億円だったらいいな、社長もびっくりするだろうな」と思うのです。そして、実現したときのことを想像して、自分をワクワクさせてみます。

次に、トレンド分析で主要な数値をどれくらい成長させると目標に到達できるのかを計算します。計算結果を見て、それが現実的なのか、非現実的なのかを見てください。現実的ならそれをストレッチ目標とするとよいでしょう。

次に、2つ目の方法として、現実的な数値を積み上げた目標も作ってみます。この方法のよい点は、達成可能な目標ができることです。ただし、逆に「こんな数字ができたら素晴らしい！」という理想がないのが欠点となります。ですから、2つの方法を組み合わせ、「ストレッチ目標」と「通常の目標」の2つの数値目標を作るのが有効だと思うのです。

よい目標の条件「SMART」

ちなみに、よい目標の条件として「SMART（スマート）」という考え方があります。これは、SMARTのそれぞれの文字をとり、「よい目標の5つの条件」を教えてくれるものです。

条件	概要
Specific（具体的）	明確で具体的であること。「やってみます」「頑張ります」などの曖昧な表現は使わない
Measurable（測定可能）	「計測できる数字」で目標を設定すること。誰から見ても達成したのか、しなかったのかがわかることが重要
Achievable（達成可能）	自分が努力することで達成が可能であること。最初から「達成できない」という目標では、モチベーションが上がらない
Realistic（現実的）	挑戦的な目標かもしれないが、達成に現実味があること
Time-bound（期限が明確）	目標達成までの期限が決められていること

図5-22：SMARTの法則

トレンド分析で何かの数値目標を作るときは、「具体的（Specific）」で「測定可能（Measurable）」、「期限が明確（Time-bound）」なので、上記の

うち3つの要素は満たしていることになります。残り2つの要素、「達成可能かどうか」と「現実的かどうか」は、目標設定をするときに計算をすることで満たせればバッチリです。

成長率を使って計算するのも便利

　トレンド分析による予測では、訪問者数を毎四半期何％増やすのか、購買率も何％改善させるのか、平均購買単価は上げることができるのかなどを考えながら数値を入力していきます。

　そして**予測の際は、「成長率」に着目すると便利です。**例えば「購買率」の目安は、オンラインショップによって様々です。購買率が10％を下回ると「どうなっているんだ!」と言われるようなサイトもあれば、2％でも「まずまずだ」と評価されるサイトもあるでしょう。

　筆者もかつて、購買率が2％のオンラインショップの担当を任されたことがありました。その前に担当していたサイトの購買率が5％程度だったので、「2％は低すぎるから5％にまで引き上げよう」と考え、様々な施策を行ったのですが、最後まで購買率は5％になりませんでした。つまり、筆者が新たに担当したオンラインショップでは、「5％の購買率」という目標は非現実的だったわけです。

　そこで、現実的な評価値として役立つのが「成長率」です。購買率を予測するときは、過去の成長率も割り出し、それをもとに目標となる成長率を考えます。さらに**「過去の購買率×目標となる成長率」を掛け合わせれば、現実的な予測をしやすくなります。**筆者も、訪問率や購買率、売上などのトレンドを予測するときは、成長率を使って計算しています。

　本書のサンプルワークシートでは、P.142でも登場した「オンラインショップの売上」を例に実際にトレンド分析を行っているので、ぜひ参考にしてください。トレンド分析のワークシートでは、「購買率」を毎四半期10％ずつ成長させています（これは結構アグレッシブな目標です）が、購買率の数値は直接入力するのではなく、前の四半期からの成長率を掛けて目標購買率を計算しています。

Section 09 [シミュレーションの作成]
トレンド分析から予測を作る②

成長率を使って予測を作る

　実際にトレンド分析を使って予測を作る方法を紹介しておきます。最終的な出来上がりは、図5-23のようになります。上にグラフ、下にグラフに対応した表があります。実際のシートは、本書のサンプルワークシートからダウンロード可能ですので、ぜひ実際に見てみてください。

　表の上半分（色が付いたセル）の数値は過去の実績値、下半分（白いセル）の数値は予測される未来の数値が入力されています。

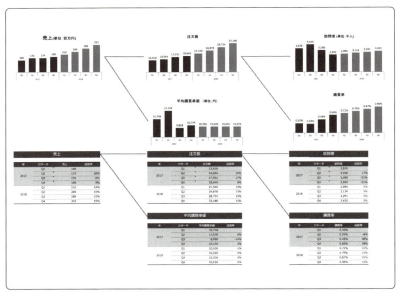

図5-23：サンプルワークシートのトレンド分析

　作成手順ですが、最初に表を作り、次にグラフを作ります。グラフは簡単に作成できますが、肝は表の部分です。

210　第2部　マーケティング実務編

ワークシートの表は、「売上」「注文数」「平均購買単価」「購買率」「訪問者」の5つに分かれていますが、このうち「売上」と「注文数」の予測値は、次の計算によって導き出すことが可能です。

売上＝注文数×平均購買単価
注文数＝訪問者×購買率

ですから、EXCELにそのように計算式を入力しておきます。例えば「2018年1Qの売上」のセルには、「注文数×平均購買単価」の数式を入力しておけば、2018年1Qの注文数、平均購買単価を入力すれば、自動的に売上数字が算出されることになります（図5-24）。

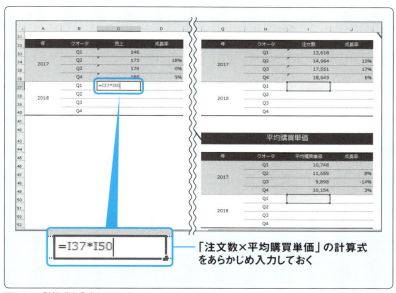

図5-24：計算式を入力しておく

一方、「平均購買率」「購買率」「訪問者」の未来の数字は、実際に自分で入力していかなくてはなりません。

ワークシートの例では、「平均購買単価」は、あまり変化がないとして、平均を求めるAVERAGE関数を用い、2017の予測値は全て「2016のQ3とQ4の平均値」に設定しています（図5-25）。

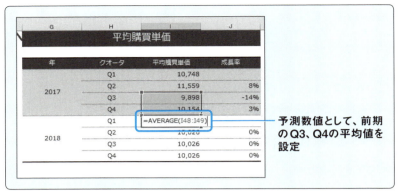

図5-25：平均購買単価の予測

　次に「購買率」は、P.209でも触れたように、「成長率」に着目して予測値を計算しています（図5-26）。

‖ 今期の購買率＝前期の購買率×(1＋成長率)

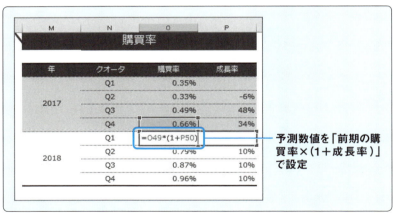

図5-26：購買率の予測

　最後の「訪問者」の計算も購買率と同様に、次のように成長率ベースで計算していますが、訪問者数には小数点がないので、小数点を切り捨てるINT関数で整数にしています（図5-27）。

‖ 今期の訪問者＝INT(前期の訪問者×(1＋成長率))

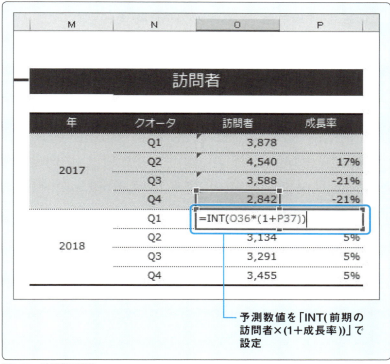

図5-27：訪問者の予測

　なお、表の中の数値の文字色はシミュレーションを作るときのルールに基づいて（P.186参照）、計算している文字は黒、直接入力している数値は青にしてください。これで直接入力している数値が「訪問者の成長率」と「購買率の成長率」だけだとわかるはずです。

　また、トレンド分析で予測してみると、「自分がどこに注力すべきか」をあぶり出すことができるはずです。例えば今回の予測を筆者なりの視点で見てみると、「訪問者」と「購買率」の成長に集中することで、売上が伸びるということが推測できます。これがトレンド分析による予測のよい点です。文章で読んだだけでは、わかりづらい点もあるかもしれません。ですがここでは、「トレンド分析による予測」を大まかにイメージできればOKです。後は実践あるのみ！です。最初は見よう見まねでよいので、ぜひ手を動かして予測をしてみてください。

Section 10 [シミュレーションの作成]
感度分析から予測を作る

2つの変数の変動インパクトを見る感度分析

　目標設定や予測のときに使える分析をもう1つ紹介します。それが「感度分析」です。**感度分析は、構成要素の値が変動したとき、目標変数にどの程度のインパクトがあるのかを把握するものです。**

　例えば図5-28は、以前筆者があるオンラインショップのコンサルティングを請け負った際に、実際に作成した感度分析のEXCELです。横軸を「訪問者数（アクセス数）」、縦軸を「購買率」として、10段階程度に分けて表の中で売上を計算しています（一番左上は現在の売上です）。これにより、訪問者数と購買率が売上にどれほどのインパクトを与えるかを確認できます。

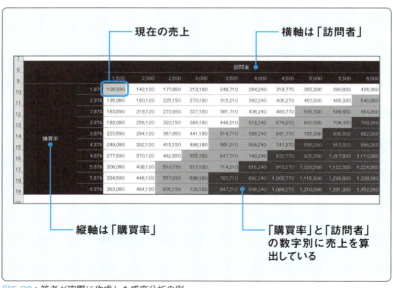

図5-28：筆者が実際に作成した感度分析の例

ちなみに表中のセルは、目標達成度で色分けしています。一番濃い色は目標を100％達成した数字、2番目に濃い色は目標の75〜99％の数字、3番目に濃い色は目標の50〜74％という具合です。このように分けると、細かな数字を見ずとも、目標達成度が一目でわかりますね。また、目標とする売上の数字を出すために必要な訪問者数と購買率も一目でわかります。これが感度分析の優れているところです。

余談ですが、筆者はこの感度分析の表をもとに「来月の売上目標設定」「必要となる訪問者&購買率を達成するための施策検討」「施策の実行&反省」を繰り返し、売上を改善していきました。通常、感度分析は変数のインパクトを見るために使いますが、PDCAを回すツールとしても使えると実感したものです。

感度分析の活用法

では、感度分析による具体的な予測の立て方を見ていきましょう。ここでもトレンド分析と同様、オンラインショップを例にとります。昨年の第四四半期の数字を見直してみたところ、既存客と新規顧客の間で、注文数と平均購買単価に違いがあることがわかりました。具体的には、注文数は新規顧客が全体の60％を占めている一方、新規顧客の平均購買単価は、既存客と比べて35％低いことがわかったのです（図5-29）。

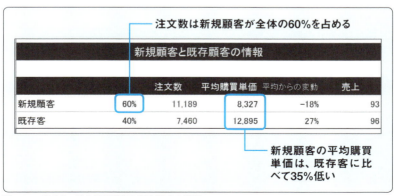

図5-29：過去3ヶ月の新規顧客と既存顧客の情報

マーケティング担当者としては、「既存客の注文数を増やすために、既存客限定の感謝セールをするのはどうだろう。でも、平均購買単価が下がるかな？」「新規顧客は平均購買単価が低いから、送料無料になる額を引き上げてみようか。そうすると平均購買単価も上がるはず」など、様々な施策が思い浮かぶと思います。

このとき、有効な判断材料になるのが感度分析です。感度分析では、例えば平均購買単価が上下20%に変動したとき、売上にどれほどのインパクトを与えるのかをチェックすることができます。

図5-30を見てください。真ん中の「189」は、現在の売上を示しています。真ん中より右の数字は、新規顧客の平均購買単価が20%増加したときの想定売上、同じく左の数字は、平均購買単価が20%減少した場合の想定売上となります。一方、真ん中から下のセルは、既存客の平均購買単価が20%増加したときの想定売上、上のセルは既存客の平均購買単価が20%減少したときの想定売上です。こうやって並べることで、既存客と新規顧客のどちらの平均購買単価を、どの程度上げるべきなのかを判断しやすくなります。このように、**2つの変数が上下したときに、目的変数に対するインパクトを見るのが感度分析の伝統的なやり方です。**

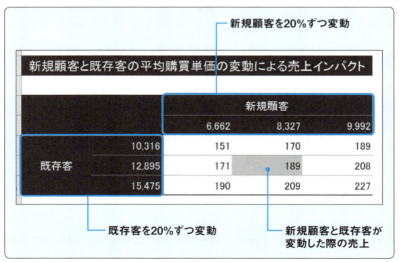

図5-30：既存客／新規顧客と平均購買単価の感度分析

感度分析の作り方

　実際に感度分析を作る手順も紹介しておきます。最終的な出来上がりは、図5-31のようになります。こちらも、トレンド分析にも活用したオンラインショップの売上を例にとっています。実際のシートは、本書のサンプルワークシートからダウンロード可能ですので、ぜひ見てみてください。感度分析の表の外には「前提条件」や「シミュレーションの変数」が置いてあります。この変数（売上目標や訪問者、購買率の成長率の値）を変えると、感度分析の結果もリアルタイムで変わっていきます（P.219参照）。

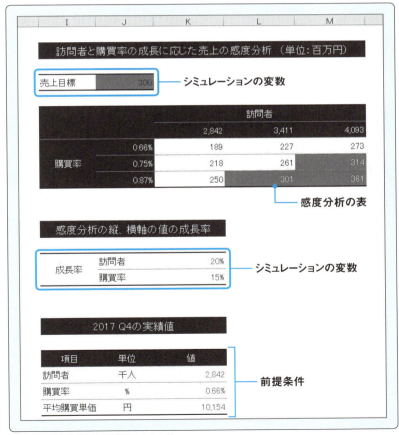

図5-31：感度分析による予測のイメージ

さて、感度分析の作成はP.188で紹介したシミュレーションを作る手順に似ていて、次の3ステップで実行できます。

① 前提を書く
② 感度分析の枠を作る
③ 感度分析の計算式を入力する

では、それぞれを見ていきましょう。

①前提を書く

まず、手元にある数値を入力していきます。ワークシートでは、トレンド分析に出てきた「訪問者」「購買率」「平均購買単価」の数字を引っ張ってきています。最初に「前提となる数値」をまとめることで、手元にどんなデータがあるのかを把握でき、頭の整理ができます（図5-32）。

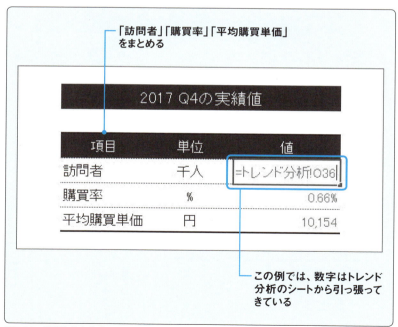

図5-32：前提条件を書く

②感度分析の枠を作る

　続いて、感度分析を行う枠を作ります。縦軸には「購買率」、横軸には「訪問者」を置き、それぞれの成長率ごとに、売上に与えるインパクトを見ることになります。なお、購買率、訪問者ともに①の前提条件の値を参照していますが、「成長率」については別のセルに記載し、このセルを参照して計算することをお勧めします。こうしておけば、別のセルに書いた成長率を変更すれば、自動的に売上の数字も変わるので、より柔軟な感度分析が可能になります（図5-33）。

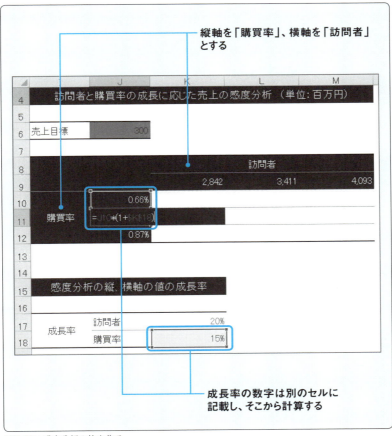

図5-33：感度分析の枠を作る

③感度分析の計算式を入力する

最後に感度分析の計算を行います。ここでは次の計算式を入力します。

売上＝平均購買単価×訪問者×購買率

なお、通常通り計算式で参照セルを指定してもよいですが、このとき絶対参照と相対参照を使い分けると、より便利になります。

EXCELでは計算式を別のセルにコピーすると、参照しているセルも移動します。これを「相対参照」と言います（特に何もせずに計算式を入力した場合、全て相対参照になります）。一方「絶対参照」とは、コピーをしても参照セルを動かさないようにすることです。絶対参照のやり方は簡単で、絶対参照したい列や行の前に「＄」を付けるだけです。＄を「固定ピン」だと考えるとわかりやすいかもしれません。

図5-34を見てください。この左上のセルは、次のように絶対参照と相対参照を使い分けています。

- 平均購買単価は前提のセルから参照し、縦横にコピーしても常に同じセルを参照して欲しいので、「＄K＄28」と行と列の両方に＄を付ける
- 訪問者は横にコピーしたときに参照先が動いて欲しいが、縦方向にコピーしても参照行が動かないように、行だけを絶対参照にする。よって、「K＄9」と行番号の前にのみ＄を付けて行を固定する
- 購買率は横方向にコピーしたときだけ列が動かないようにしたいので、例の前のみに＄を付けて「＄J10」とする

計算式を入力したら、後はオートフィルによって縦と横の計算式を埋めれば完成です。必要なら条件付き書式で見やすくしてもよいでしょう。ワークシートでは目標売上を上回ったセルを色付けしています。

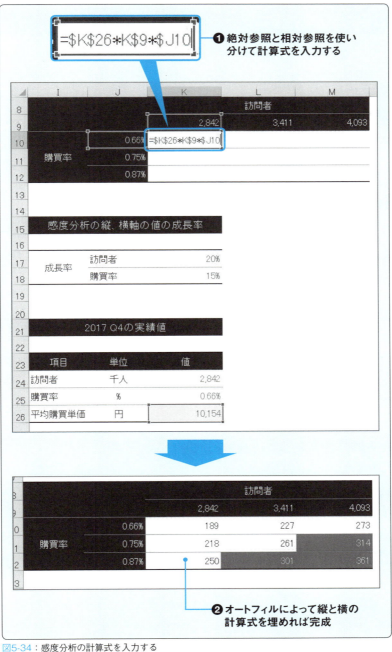

図5-34：感度分析の計算式を入力する

繰り返し練習を！

　ここまで、「シミュレーションの作り方」に始まり、「回帰分析」「トレンド分析」「感度分析」を使った売上予測について解説してきました。

　欲を言えば、実際にプレゼンをするときは、「楽観的なケース」「通常のケース」「悲観的なケース」のように、3種類のシミュレーションを用意しておくのが理想です。

　またシミュレーションの結果は、表で見せるだけでなく、売上の推移や削減できるコスト、費用対効果などがわかりやすいよう、棒グラフや折れ線グラフにしてみせると、より説得力が高まるはずです。

　本書のサンプルワークシートには、トレンド分析で実際に3種類のシミュレーションを行った作例や、その結果をグラフ化した例も入っていますので、ぜひ参考にしてください。

　シミュレーションを作ることは「未来を予想する」ということですから、これまで「難しい」「自分にはできない」と思っていた人もいるかもしれません。でも、ここまでの解説で、「ひょっとしたら自分でもできるかも」という気分になってもらえれば、とても嬉しいです。

　ここまでで解説したシミュレーションの作り方や、各分析から予測を導き出す手法などを覚えれば、実務でかなり活躍できるはずです。

　「難しい」と感じる内容も含まれていたかもしれませんが、ぜひワークシートを参考にしながら練習を繰り返してください。

　シミュレーションを覚える最も効率的な方法は、0から作って練習することです。 練習の回数が増えれば増えるほど上手になりますし、予測の精度も上がっていきます。ぜひ繰り返し練習して、あなたの「ビジネス腕力」を向上させてください。

第 2 部
マーケティング実務 編

Chapter 06

STEP 4 報告・プレゼン資料を作成する

最後に、報告・プレゼン資料の作り方を解説します。
素晴らしい分析・シミュレーションを行っても、
相手に伝わらなければ意味がありません。
ほんのひと手間を加えるだけで、
表やグラフの見やすさは格段にアップします。
報告・プレゼンの基本と合わせ、
ここでまとめて紹介しておきましょう。

Section 01 [基礎知識] 報告・プレゼン資料作りの目的と注意点

報告・プレゼンの目的とは

これまで学んできた集計、分析、予測を実務で行ったら、上司や取引先などにプレゼンや報告を行うことになるでしょう。

そもそもプレゼンの目的とは、「人を動かすこと」です。話を聞いた相手がプレゼン内容について理解、納得し、何らかの行動を起こしてもらわなくてはなりません。そのためには、マーケティング担当者として「よりわかりやすいプレゼン資料」を作る必要があります。**プレゼン資料を見た相手が、あなたの伝えたいメッセージを3秒程度で理解できるのが理想でしょう。**そのためにもプレゼン資料に入れるグラフ、表は綺麗で見やすいものであるべきなのです。

同じデータを使っても、作るグラフによって伝わり方が随分変わります。ここからは、報告・プレゼン資料作りをサポートする様々なテクニックを紹介していきます。

「自分のための資料」と「人に見せる資料」は違う

最初に覚えてきたいのは、「自分のための資料」と「人に見せる資料」は違うということです。「資料は見やすく作るべき」と言いましたが、全てのEXCELシートを見やすくする必要はありません。仕事においては「スピード」も大切ですから、「自分だけが見る資料」に関しては、時間をかけて体裁を整える必要はありません。**その資料は「自分のためのものなのか、人に見せるものなのか」を、まずは判断してください。**1日に使える脳のエネルギーは限られています。無駄なことにはできるだけエネルギーを使わず、大切なことにだけエネルギーを集中させなくてはなりません。

図6-1:大切なことにエネルギーを集中する

見やすい資料のキーワードは「シンプル」

　「他人に見せるEXCELの資料」は、前述の通り見やすくしなければなりません。では、「見やすい資料」とはどんなものでしょう。

　筆者は、「シンプルな資料こそ見やすい」と強く信じています。20世紀を代表する建築家ルートヴィヒ・ミース・ファン・デル・ローエは、「Less is more」、すなわち「より少ないことは、より豊かなこと」という言葉を残しています。筆者の大好きな言葉です。

　熱烈なファンを多く抱えるアップル社も、製品をできるだけシンプルにするようにデザインしているそうです。アップルの最高デザイン責任者のジョナサン・アイブも、製品発表のプレゼンで、「製品をできるだけシンプルにするために、試行錯誤してゼロからデザインし直した」と話しています。シンプルにすることを目指して、わかりやすさ追求している姿勢が伺えますね。

　EXCELの表やグラフも同様に、余計なものはできるだけ削いで、極力シンプルにすることで、伝えたいことが浮かび上がっていきます。それが「伝えたいことが伝わる資料」につながるのです。

Section 02 [基礎知識] 説得したい相手の「ニーズ」を考える

プレゼン相手は何を求めているのか

　プレゼン資料を作るときの前準備として大事なのが、「プレゼン相手のニーズを知る」ということです。直接相手に「あなたのニーズは何ですか」と聞ければいいのですが、なかなかそうもいかないでしょうから、相手の立場に立って考え、ニーズを想像することが大切になります。

　特にマーケティング担当者であれば、相手のニーズをつかむことは非常に大事なスキルとなります。「相手の立場に立つ」というより、「**幽体離脱して相手の中に入ってしまう**」ぐらいの気持ちで考えられたら素晴らしいです。

　フォード自動車の創業者ヘンリー・フォードも、次のような素敵な言葉を残しています。

「成功に秘訣があるとすれば、それは、他人の立場を理解し、自分の立場と同時に、他人の立場からも物事を見ることのできる能力である」
ヘンリー・フォード

　あなたも、ぜひ普段から「相手の立場に立って考える」ということを意識してください。そうすることで、少しずつスキルが身に付きます。

　ちなみにプレゼン相手の立場に立って考えるときは、次の2つのことを意識すると、手っ取り早いと思います。

①プレゼン相手の「立場」を考える
②プレゼン相手にとっての「メリット」を考える

　それぞれについてもう少し詳しく解説しましょう。

[①プレゼン相手の「立場」を考える]

　まず、プレゼン相手はどんな人で、どんな立場なのかを考えます。例えば「課長で部下が10人いる」「この課長の上司は元コンサルタントで、数字にはべらぼうに強い」「でも課長自身はあまり数字に強くないため、上司にそのまま見せても大丈夫なぐらい定量的なデータを資料に盛り込むと安心するみたい」……などなど、具体的に考えることが大事です。

[②プレゼン相手にとっての「メリット」を考える]

　次に、相手にとってのメリットは何かを具体的に考えます。もし相手が持つ目標を教えてもらえるのであれば、「その目標を達成できること」が相手のメリットになります。

　その場合、その目標に対してどれぐらい貢献するのかをプレゼンすれば、きっと相手は喜ぶことでしょう。

「質問すること」も大切

　もしプレゼン相手に直接会って話す機会があるのなら、「質問をすること」も非常に大事です。**質問をする根底として、「相手の役に立ちたい」という気持ちを強く持つことができれば素晴らしいです。**そして最低限、次の4つのことは聞いて把握しておきたいものです（引用元：青木毅 質問型営業）。

- 現状（今、どのような状態なのか）
- 欲求（相手はどうしたいのか）
- 課題（様々な課題のうち、何が一番大きい課題と考えているか）
- 期待（自分に何を、どのくらい期待しているか）

　4つ目の「期待」については、相手の期待値を把握することが目的ですが、プレゼンする側としては、相手の期待値を超える企画を考えて、相手をびっくりさせたいものですね。

[基礎知識]
Section 03　PREP法でわかりやすい話の流れを作る

　相手にプレゼンするときは、「話の組み立て方」も大切です。話の組み立て方のアプローチとして覚えておいてほしいのが、「PREP」という考え方です。PREPの考え方は、口頭で話をするときだけでなく、文章やプレゼン資料の流れでも使えますので、ここで説明しておきましょう。
　PREPの頭文字の意味は次のようになります。

> P: Point（結論）
> R: Reason（理由）
> E: Example（例）
> P: Point（結論）

　では、具体例としてPREPの構成に基づいて文章を書いてみます。課長に、課の懇親会について提案するというシチュエーションだと思ってください。その懇親会には、部長も参加することが決まっています。

Point（結論）
課長、次回の社内の懇親会はお好み焼きを食べに行きましょう。

Reason（理由）
部長はお好み焼きが大好きです。また、部署の女性社員がお勧めのお好み焼き屋を教えてくれたのですが、そのお店は味も評判で、しかも生ビール1杯350円と、値段もリーズナブルです。

Example（例）
部長が参加した2年前の懇親会もお好み焼き屋でやりましたが、すごく盛り上がって、みんなに好評でした。また、そのときも安く仕上がったので、課長は部長から「経費を節約できた」と褒められていましたよね。

Point（結論）
だから、今度の懇親会はお好み焼き屋にしましょう。

図6-2：PREPによる話の組み立て

いかがでしょうか。PREPの流れで話を組み立てると説得力あると思いませんか。PREPの優れているところは、次の3点です。

[①結論を最初に言っていること]

結論から先に話すことで、聞き手はすぐにあなたの言いたいことがわかります。**よく背景から話し始める人がいますが、そのとき聞き手は心の中で「で、何が言いたいの？」と思っていることが多いです。**ビジネスでは結論から話すことが大事です。

[②「理由」だけでなく、「例」を付け足している]

論理的に説明するために、結論をサポートする「理由」を話すことはとても大切です。ただし、人間は必ずしも論理だけで動くとは限りません。また、理由だけ話すと抽象的・主観的な内容となり、相手がイメージしづらいこともよくあります。そこで、理由を説明した後に「具体例」を示してあげると、内容が具体的になり、グッとわかりやすくなります。

[③最後に結論を念押しすること]

最後に結論を再度言って締めることで、この話の主張は何だったのかを相手にしっかり伝えることができます。本当に自分の主張を相手に伝えたいのなら、最後に念押しで結論を言うのは大切なことです。

図6-3：PREPの流れがわかりやすい理由

Section 04 ［基礎知識］資料は必要最低限のボリュームにする

プレゼン資料とAppendixを分けて準備する

　プレゼン資料を作る前に調査、分析、シミュレーションをたくさん行うと、その全てを資料に盛り込みたくなります。「頑張って行った証拠を見てもらいたい！」という気持ちがそうさせるのですが、それをやってしまうと内容が膨らみすぎ、言いたいことが伝わらない資料になってしまいます。

　前述したように、わかりやすい資料のキーワードは「シンプル」です。ですから、プレゼン資料の量も、必要最低限で中身の濃い内容にするのが理想です。

　資料に入らなかった他の調査、分析、シミュレーション結果は、**プレゼン資料とは別に「Appendix（付属資料）」として準備しておくのがよいでしょう。**そして、相手から質問が来たときに、さっと該当する資料を出して回答します。そうすると、プレゼン相手は心の中で「こいつデキるな」と思うことでしょう。

プレゼンは短め、質疑応答は多めに

　プレゼンのためのミーティングが1時間あるとしたら、こちらからのプレゼンは20分程度で収め、残りの40分は質疑応答にあてるのが理想だと思います。なぜなら、人間の集中力はそんなに長続きしないからです。

　また、プレゼンが終わった後に相手に質問してもらうことで、**プレゼンの中でカバーできなかった「相手が抱えている疑問」を解消することができます。**ひょっとしたら質疑応答の中で、相手が「肝」だと考えている部分を深掘りできるかもしれません。

　そんなインタラクティブな時間を持ったほうが、プレゼン相手の理解度

は格段に深まるはずです。

　ですから、もし想定の「20分」ではプレゼンが終わらなそうでも、質疑応答には可能なかぎり時間を確保することを意識してプレゼンを組み立ててください。

　最悪なのは、ミーティング時間は1時間なのに10分遅刻して、プロジェクターにプレゼン資料を投影するのに手間取ってさらに15分間費やしてしまい、気分が動転した中でプレゼンを残りの35分いっぱいまで行い、終わるやいなやプレゼン相手が次のミーティングに飛び出してしまうというパターンでしょう。そんなことにならないよう、くれぐれも周到に準備しておきたいものです。

必要最低限の内容を盛り込む

　頑張って行った分析・シミュレーションの結果を全てプレゼン資料に盛り込まなくても、それらの作業で「わかったこと」を集約すれば、相手にあなたの伝えたいことを伝えることは十分可能です。

　ですから、プレゼンの内容は必要最低限の「大事なこと」に絞り、シンプルかつわかりやすくすることを意識しましょう。

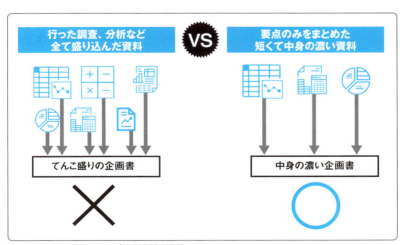

図6-4：中身が濃く、シンプルな資料が理想

［見やすい表の作り方］
Section 05 見やすい表を作るための3つのルール

　ここからは、いよいよ具体的な資料の作り方を解説していきます。まずは「表」の作り方からです。
　「見やすい表」とはどんな表でしょうか。筆者は、**「解説なしでも言いたいことが伝わる表」のことだと考えます**。例えばアップル社のiPhoneやiPadは、マニュアルがなくても使えるくらいインターフェースが洗練されています。表も同様に、解説なしでも伝わる表にすべきです。
　見やすい表を作るためには、次の3つのことに留意すれば大丈夫です。

> ①文字サイズとフォント
> ②罫線の引き方
> ③項目の色付け

　では、1つずつ説明していきます。この決まりを覚えてしまえば、誰でも簡単に見やすい表が作れるようになります。

①文字サイズとフォント

　表中の文字サイズやフォントは、全て同じものに統一します。ばらつきがあると、見る人は「ばらつきの意味」を考えるかもしれません。余計なことを考えさせるのは、相手にストレスを感じさせることにつながります。
　EXCELはデフォルトでフォントサイズが12ptなので、そのままでよいでしょう。また、フォントは日本語なら「MS Pゴシック」、英語なら「Arial」にします。これらのフォントはどのPCにも搭載されていますし、ゴシック系の見やすいフォントなので安心です。
　なお、表内のフォントサイズは共通としますが、表タイトルのみは表内より2割程度大きくすると、より見やすくなるでしょう。

②罫線の引き方

2つ目の罫線の引き方ですが、まずシートの背景にある枠線を消します。枠線を消すには、リボンメニューの「表示」で「目盛線」のチェックボックスを外すだけです（図6-5）。あるいは、「Ctrl」+「A」キーまたはEXCELシートの一番左上をクリックして全てのセルを選択し、セルを白で塗りつぶしてもOKです。

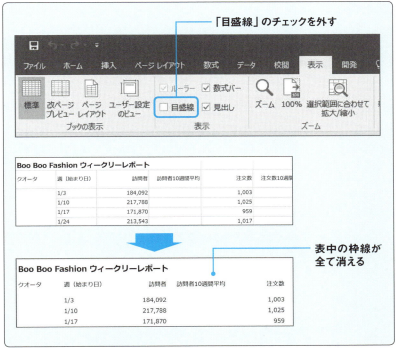

図6-5：シートの枠線を消す

次に表の罫線を引きます。罫線もシンプルに、横線だけを引いて表を作ります。**一番上と下の線は太い線、中の線は点線とします**（図6-6）。特に必要がないなら、縦線は引きません。図の例でも、文字は左揃えになっているのに加え、数字と数字の項目を右揃えにしているので、自然と隣のセルとの区切りがわかるからです。

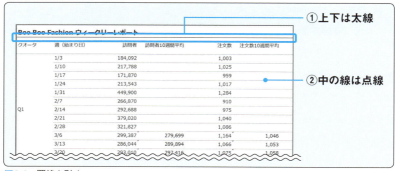

図6-6：罫線を引く

　罫線の引き方ですが、次の2ステップで引くとよいでしょう。一度覚えてしまえば、毎回表を作るたびに考える必要はありません（図6-7）。

[「セルの書式設定」を開く]

　「Ctrl」+「1」キー（Macでは「Command」+「1」キー）を押して、「セルの書式設定」を開きます。なお、「セルの書式設定」は多用するので、このショートカットを覚えておくとオペレーションが早くなります。

[罫線を指定する]

　「セルの書式設定」で罫線を指定します。前述の通り、表の上下の横線は太線、中の線は点線を基本形にしましょう。

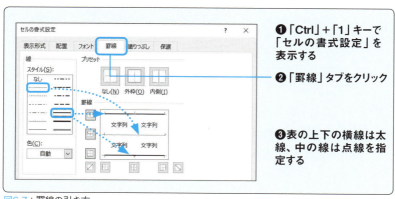

図6-7：罫線の引き方

③項目の色付け

　項目に色付けをすることで、項目と数値をはっきり区別できます。色は薄い色を敷いてもいいですが、濃い色にする場合はテキストを白にします。色の決め方ですが、自社のコーポレートカラーにするか、お客様への提案資料ならば、その会社のコーポレートカラーに近い色がいいでしょう。

　この3つのルールを採用すると、図6-8のような表が完成します。
　あなたも、ぜひこの3つのルールに基づいて表を作ってみてください。**一度覚えてしまえば、あまり考えずに見やすい表が作れます。**また、状況に応じて、「こうしたほうがさらに見やすくなる」ということが見つかったら、自分なりに工夫してみてください。

クォータ	週（始まり日）	訪問者	訪問者10週間平均	注文数	注文数10週間平均	売上	売上10週間平均
Q1	1/3	184,092		1,003		12,743,115	
	1/10	217,788		1,025		8,304,550	
	1/17	171,870		959		8,255,072	
	1/24	213,543		1,017		8,349,570	
	1/31	449,900		1,284		16,039,728	
	2/7	266,870		910		11,050,130	
	2/14	292,688		975		10,654,800	
	2/21	379,020		1,040		11,035,440	
	2/28	321,827		1,086		9,532,908	
	3/6	299,387	279,699	1,164	1,046	10,182,672	10,614,799
	3/13	286,044	289,894	1,066	1,053	13,159,770	10,656,464
	3/20	293,010	297,416	1,075	1,058	13,819,125	11,207,922
	3/27	501,648	330,394	1,014	1,063	13,244,868	11,706,901
Q2	4/3	520,230	361,062	1,040	1,065	10,634,000	11,935,344
	4/10	579,744	374,047	1,170	1,054	17,029,350	12,034,306
	4/17	688,831	416,243	1,196	1,083	17,136,288	12,642,922
	4/24	596,398	446,614	1,209	1,106	11,886,888	12,766,131
	5/1	300,366	438,749	1,287	1,131	16,150,563	13,277,643
	5/8	257,840	432,350	725	1,095	9,099,475	13,234,300
	5/15	268,092	429,220	1,288	1,107	16,767,184	13,892,751
	5/22	257,961	426,412	1,235	1,124	14,824,940	14,059,268
	5/29	247,313	421,842	1,258	1,142	16,234,490	14,300,805
	6/5	228,613	394,539	1,040	1,145	9,607,520	13,937,070
	6/12	183,510	360,867	1,105	1,151	9,510,735	13,824,747

図6-8：表の完成図

Section 06 ［見やすい表の作り方］「比較対象」と一緒に数字を示す

数字は「比較対象」があって意味を持つ

　数字は、単体では意味を持ちません。別の数字と比較することで、はじめてそこに意味が発生します。ですから、**数字を示すときは、必ず「比較対象」を作ってあげなくてはなりません。**「比較対象」も様々なものがありますので、ここで紹介しておきましょう。

　例えば、第二四半期のお店の注文数として、図6-9のようなデータがあったとします。最新の数字は「990」ですが、この数字はどう判断すればよいでしょう。これだけを見ていると、「他の週に比べて数字が悪いな」という程度しかわかりません。

クオーター	週	注文数
Q2	4/3	1,017
	4/10	1,083
	4/17	1,077
	4/24	1,092
	5/1	990

図6-9：第二四半期のお店の注文数

　では、図6-10のような表に直したらどうでしょう。ここでは、3つほど「比較する数値」が追加しています。比較する数値があることで、数字がグッと意味を増してくることがわかります。それぞれの比較対象について、簡単に紹介しておきましょう。

クオーター	週	注文数	注文数の10週間平均	前週からの成長率	前年からの成長率
Q1	3/6	896	879	7%	51%
	3/13	820	884	−8%	22%
	3/20	827	887	1%	45%
	3/27	780	892	−6%	31%
	4/3	1,017	915	30%	65%
Q2	4/10	1,083	925	6%	97%
	4/17	1,077	928	−1%	66%
	4/24	1,092	944	1%	65%
	5/1	990	942	−9%	44%

図6-10：比較対象を付加した表

[**10週間平均**]

「10週間平均」は文字通り直近10週間の平均なので、各週の上下の変動がなだらかになります。最新のオーダー数が10週間平均を上回っていれば、筆者は悪くない数値だと判断することが多いです。

[**前週からの成長率**]

前の週と比べたときの成長率も役に立ちます。上の表を見ると、「990」という数字の前週からの成長率は「−9%」となっており、前の週に比べて9%下がっていることがわかります。ただ、前の週との比較はとても短期的な視野なので、数字が下がっているから落ち込むことはないと思っています。これが数週間で上がってくればいいことなので、これをどう上げるかを考えるべきです。

[**前年からの成長率**]

1年前の数字と比較したときの成長率があると、「前年と比べてどれぐらい成長しているのか」を見ることができます。1年前の数字と比較すると「季節要因」が加味されているので参考になります。

例えばお盆の時期は、毎年売上が悪いとしましょう。今年もお盆のときの売上は、前月の同じ週と比べると悪かったとします。でも、前年のお盆の時期と比べて成長していたのなら、決して悲観するのことない注文数だと判断できます。

業種の特性によっては、「前の四半期の成長率」を重視する場合もあります。例えば成長が著しい製品なら、前年と比べて成長していることは明らかなので、前の四半期からどれだけ成長したかを目標に仕事をしているケースもあるでしょう。

比較する数値同士は近くに配置する

ここでは「注文数」を例にとり、現在の注文数と比較する数値を作ってみましたが、比較する数値があったほうが有意義な表になることがわかると思います。

また、先の図6-10の表では、現在の数値の右隣に「比較する数値」を置いています。このように、比較する数値同士は近くに置いておくのが鉄則です。

Section 07 [見やすい表の作り方] セルやグラフの色は少なく！多くても「2色」まで

利用する色は極力少なくする

　EXCELシート全体で使う色は、極力少なくすることが見やすくするコツの1つです。赤、青、緑、黄色とたくさん色が増えていくと、情報が増えていき、結果として他人が見づらいものになってしまいます。

　「Less is more」のコンセプトに則り、必要最低限の色で資料を統一するようにしてください。色は多くても「2色まで」にすべきです。

　中には「グラフは色を使わないと逆にわかりづらくなる」という人もいるかもしれません。確かに、例えば折れ線グラフのグラフ線が複数ある場合、2色では同じ色の折れ線ができてしまい、区別がしづらくなります。そのような場合は、**基調となる色をベースとし、濃い色、薄い色を使い分けることで、綺麗な折れ線グラフにできます。**

　ちなみに、資料に使う色を少なくするとよい点が2つあります。

①見る人にとって視覚的負担を減らせる
②資料が白黒コピーされても内容が伝わりやすい

では、それぞれについて詳しく見てみましょう

①見る人にとって視覚的負担を減らせる

　セル、折れ線にあまり多くの色を付けると、資料を見る人にストレスを与えます。逆に少ない色数でも、工夫次第で伝えたいことを適切に伝えることは十分可能です。

　例えば、自社の売上が急成長していることを、折れ線グラフで示したいとします。比較対象として、競合他社A、Bの売上も示す折れ線グラフも

付けるとすると、計3本の折れ線グラフがあることになります。

　この場合、伝えたいのは「自社の売上の急成長」ですから、濃い青色で表現して最も目立たせます。

　他方、競合他社Aの折れ線グラフは薄い青、競合他社Bの折れ線グラフは水色などで表現すると、統一感があって見やすく、かつ伝えたいことがしっかり伝わる表になるはずです（P.252参照）。

②資料が白黒コピーされても内容が伝わりやすい

　自分が作った資料が、直接のプレゼン相手だけでなく、人から人へ伝播し、1人歩きしていくことも十分考えられます。

　メール転送などであれば、色が付いた状態で1人歩きしてくれますが、紙ベースであれば、白黒コピーされて他の人の手に渡ることもあるかもしれません。

　この場合、**できれば白黒コピーされても、表現したいことが伝わるようにしておきたいものです。**

　1つの色の濃淡で折れ線グラフを色分けしていれば、白黒コピーされても自社の売上は濃いグレー、競合他社の売上は薄いグレーのように表現されるので、伝えたい内容を損ねることがありません。

　もしこれが、例えば赤、緑、青で表現されていたとしたら、白黒コピーされたときに似たような色になってしまい、わかりづらいものになってしまうでしょう。

　このように、表、グラフさらにプレゼン資料も使う色を極力少なくすることには、大きなメリットがあります。

　無駄にたくさんの色を使い、ジャングルにいる有毒生物のような資料にならないように注意したいものです。

Section 08 [見やすい表の作り方] エラー表示されるレポートはもう作らない!

エラー表示を出したくない場合

　マーケティングの仕事を行っていると、様々なレポートを作る機会があると思います。

　でも、ちょっとした記載ミスにより、エラー表示が出てしまうことも少なくないでしょう。例えば図6-11でも、「購買率」と「平均購買単価」の項の下のほうに「#DIV/0!」というエラー表示が出てしまっています。

　「購買率」には「購買数÷訪問者」、「平均購買単価」には「売上÷購買数」の計算式を入力しているのですが、エラーが出ている行には「訪問者」列や「購買数」列、「売上」列に数値が入力されていないので、エラーが出てしまっているわけです。

	A	B	C	D	E	F	G
1	ウィークリー売上レポート						
2							
3	週	訪問者	購買数	購買率	平均購買単価	売上	
4	1	1,534	772	50.3%	4235	3,269,420	
5	2	1,842	789	42.8%	4051	3,196,239	
6	3	1,718	738	43.0%	4304	3,176,352	
7	4	1,941	783	40.3%	4105	3,214,215	
8	5	4,090	988	24.2%	4164	4,114,032	
9	6	2,668	1,043	39.1%	4075	4,250,225	
10	7			#DIV/0!	#DIV/0!		
11	8			#DIV/0!	#DIV/0!		
12	9			#DIV/0!	#DIV/0!		
13	10			#DIV/0!	#DIV/0!		
14							

計算式の参照先に数値が入力されていないので、エラー表示となっている

図6-11：エラー表示が出ている表

この程度の規模の表なら、空白セルに数値を入力し直せばよいですが、もっと膨大な表となると、なかなかそうもいきません。また、エラー表示が出たままのレポートは、見た目にも美しくないですよね。

IFERROR関数でエラー表示を防ぐ

そんなときに使ってほしいのが「IFERROR関数」です。IFERROR関数は、指定した値がエラーとなるとき、「エラーのときに表示したい値」を示せる関数です。構文は次の通りです。

=IFFERROR(値,エラーの場合の値)

例えば、購買率の計算がエラーのとき、表示する値を「空白」にしたいとします。その場合は、購買率のセルのD4に次のように入力します。

=IFERROR(C4/B4,"")

後はD4セルのフィルハンドル（セルを選択したとき、左下に表示される四角いマーク）を下までドラッグすれば、先ほどエラーが出たセルは空白になります。もちろん、「平均購買単価」も同様に処理できます（図6-12）。

こうすれば、エラー表示を回避でき、見た目が美しい表に生まれ変わります。「面倒くさい」と思う人もいるかもしれませんが、**マーケティング担当者はEXCELと日常的に付き合って行かなければなりませんから、こういうひと手間を惜しんではいけません。**

なお、IFERROR関数以外にも、エラー表示の防止に役立つ関数はいくつもありますので紹介しておきます（図6-13）。また、関数を組み合わせればさらに便利なことが可能になるので、興味のある人はぜひ試してみてください（図6-14）。

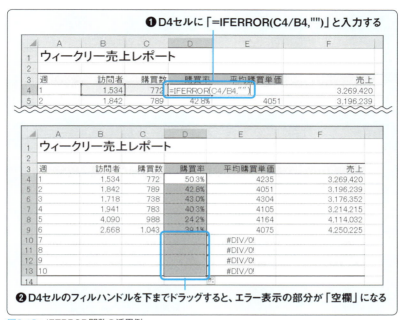

図6-12：IFERROR関数の活用例

関数名	概要	構文	例文	例文で実行できること
IF関数	真であれば何かを行い、真でなければ別のことを行うことを指定できる	=IF(論理式,真の場合,偽の場合)	=IF(B2>80,"合格","不合格")	セルB2の値が80以上のときは「合格」、80未満のときは「不合格」と表示する
ISBLANK関数	テスト対象として指定したセルの値が空白ならTRUEを返し、空白でない場合はFALSEを返す	=ISBLANK(テスト対象)	=ISBLANK(C23)	セルC23が空白なら「TRUE」、空白でない場合は「FALSE」と表示する
ISERROR関数	テスト対象がエラーのときにTRUEを返し、エラーでないならFALSEを返す	=ISERROR(テスト対象)	=ISERROR(E23/C23)	E23/C23の割り算ができないなら「TRUE」、割り算ができるなら「FALSE」と表示する
ISNUMBER関数	テスト対象が数字ならTRUEを返し、数字でないならFALSEを返す	=ISNUMBER(テスト対象)	=ISNUMBER(E23)	E23セルに数字が入力されているなら「TRUE」、数字が入力されていないなら「FALSE」と表示する

図6-13：エラー表示防止に役立つ関数

組み合わせ例	例文	例文で実行できること
IF関数とISBLANK関数	=IF(ISBLANK(C25),"",AVERAGE(C16:C25))	C25セルが空白のときは空白を表示する。C25セルが空白でないときは、C16〜C25セルの平均を表示する
IF関数とISERROR関数	=IF(ISERROR(E25/C25),"",E25/C25)	E25/C25の計算結果がエラーなら空白を表示する。計算ができるならE25/C25の結果を表示する
IF関数とISNUMBER関数	=IF(ISNUMBER(F18),F18/D18,"")	F18セルが数字でない場合は空白、F18セルが数字の場合はF18/D18の結果を表示する

図6-14：関数の組み合わせ例

Section 09 [見やすいグラフの作り方]
目的別！グラフの選び方

どのようなグラフを選ぶ？

「表」はグラフ化すると、さらに内容を理解しやすくなります。グラフには「棒グラフ」「折れ線グラフ」「円グラフ」「散布図」「バブルチャート」など様々な種類がありますが、**自分が表現したい目的に合ったグラフを使うことは、伝わりやすいプレゼン資料を作るうえで欠かせません。**

では、どのシチュエーションでどのようなグラフを使うべきかを、整理して紹介していきます。

[①「量的な単純比較」は棒グラフ]

自社の単年の売上を比較したいときなど、何かと何かを単純に比較したい場合は、棒グラフが適しています。棒グラフはシンプルでわかりやすいので、最も多用するグラフかもしれません。棒の存在感があることと、比較する要素が棒の高さ（横棒グラフなら横の長さ）だけなので、見る人にとっても極めてわかりやすく、インパクトを与えることができます。

[②「時系列の変化」を示すときは折れ線グラフ]

時系列の変化を示したいなら、折れ線グラフの出番です。例えば自社と競合他社の過去5年間の売上推移を見せたいときなどは、折れ線グラフが最適です。比較している要素の時系列での変化、トレンドをわかりやすく示してくれます。

例えば、自社の売上のトレンドが昨年からグイッと上がっていたら、素敵な物語をグラフから伝えられますね。

なお、棒グラフと折れ線グラフの2つが、実務で最も多用するグラフです。**グラフを作る目的は「何か気付きを得ること」ですが、棒グラフや折れ線**

グラフは極めてシンプルなので、気付きを得やすいからです。この2つのグラフはシンプルなぶん、解読に余計な手間がかからないので、グラフが意味することをじっくり考えることができるわけです。

[③「構成」を表現するなら円グラフ]

市場のシェアなど、「全体の中での割合」を見たいときは、円グラフを利用します。実際、「業界内の各社売上シェア」などは、よく円グラフで表現されています。

[④「分布」は散布図とバブルチャート]

散布図はマトリクス分析や相関分析、回帰分析の解説で多用しましたが、2つの要素での分布を見るときに用います。例えば、全国にある店舗ごとに「売上規模」と「利益率」の散布図を作ってみると、「売上規模も利益率も高い優良店」「売上規模は大きいが、利益率が低いお店」「売上は少ないが利益率が高いお店」「売上も利益率も少ないお店」に大別することができます。

また、3つの要素を比較したいときは、散布図ではなくバブルチャートを用います。バブルチャートの作り方は、P.260で解説します。

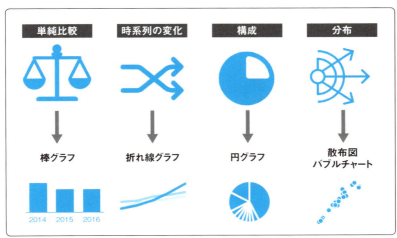

図6-15：目的別のグラフの選び方

Section 10 ［見やすいグラフの作り方］ 見やすい棒グラフの作り方

ちょっとしたひと手間で変わる！

　EXCELがデフォルトで作るグラフを、そのまま資料に貼り付けて利用している人は少なくありません。しかし、**プレゼンに長けた人は、必ずグラフを見やすく加工しているものです。**ちょっとしたひと手間で、グラフはさらに見やすくなります。そこでここからは、グラフを見やすくカスタマイズする方法を学んでいきましょう。まずは棒グラフからです。

　棒グラフは、最も用いられるグラフの1つです。だからこそ、見やすい棒グラフの作り方を学んでおきたいものです。

　まずEXCELがデフォルトで作るグラフは図6-16のようなものです。

　見る側の立場で考えると、この棒グラフの大きな問題点は、「各棒の値がわかりづらい」ということです。

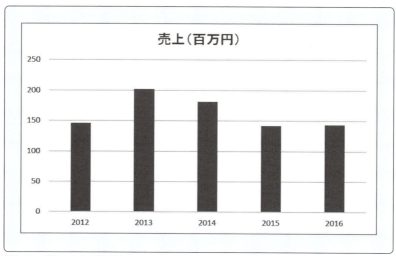

図6-16：デフォルトの棒グラフ

例えば、「2016年の売上はいくらだろう」と思っても、棒を見ただけではわからないので、左側の目盛を確認しなければなりません。しかも目盛を見ても、「150万円よりやや少ない」ということしかわかりませんね。見る側のことを考えるなら、棒を見た瞬間に値も把握できるべきです。

では、図6-17のグラフを見てください。こちらは、より見やすいように工夫を加えたグラフです。パッと見ただけでも、スッキリと見やすくなったことがわかるのではないでしょうか。

では、変更した点と変更方法を解説しましょう。

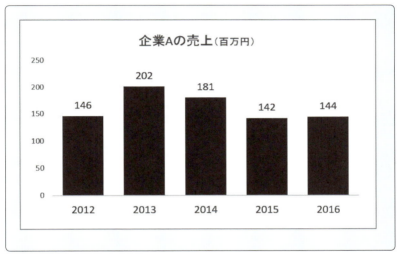

図6-17：見やすく加工したグラフ

[**棒の色**]

棒の色は、作成している資料と同じ基調色に変更します。棒をダブルクリックすると「データ系列の書式設定」が表示されるので、「塗りつぶしと線」の「塗りつぶし」から任意の色に変更できます。なお、影や3Dの装飾は一切行いません。

[**棒の幅**]

デフォルトでは棒の幅が狭く、棒同士の間隔が広いので、棒の存在感が

出る幅に変更しています（図6-18）。棒をダブルクリックして「データ系列の書式設定」を表示して、「系列のオプション」を表示します。デフォルトでは値が「系列の重なり」が−27％、「要素の間隔」が219％になっていますが、ここでは「系列の重なり」を0％に、「要素の間隔」の値を50％にしています。

　なお、「系列の重なり」は、棒同士を重ねるかどうかを指定するものです。ここでは「売上」のグラフのみなのであまり関係ないですが、例えば「売上」と「コスト」の2項目を棒グラフにしている場合、系列の重なりを「100％」にすると、棒が完全に重なった状態になります。

　また「要素の間隔」は、棒同士の間隔を指定するものです。間隔が少ない（値が小さい）ほど棒同士の間隔が狭く（棒の横幅が広く）なります。

[**棒の上に値を表示**]

　棒の上に、売上の数字を追加しています。棒を右クリックして「データラベルの追加」を選択すると、値を表示できます（図6-19）。

[**目盛などの文字サイズを大きく**]

　横軸、縦軸、データラベルの文字サイズを大きくしています。大きくしたい文字列をそれぞれマウスで選択し、フォントサイズを変更するだけです。

[**横軸の罫線を削除**]

　横軸の罫線は不要なので選択して削除しています。罫線をマウスで選択し、「Delete」キーを押せば削除できます。

[**タイトルを適切なものに変更**]

　デフォルトでは「売上（百万円）」となっていましたが、これだけだとわかりづらいので「企業Aの売上（百万円）」と変更しています（単位を入れて、単位の文字サイズを小さくすると親切です）。タイトル部分をマウスで選択すれば、文字列を変更できます。

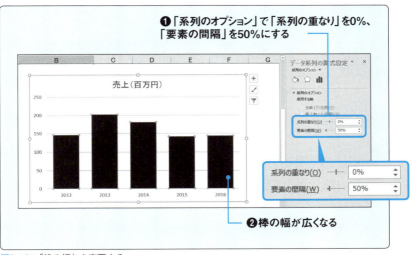

図6-18：「棒の幅」を変更する

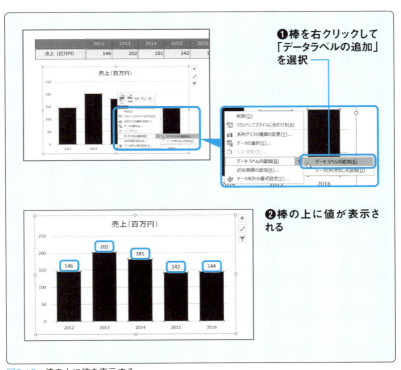

図6-19：棒の上に値を表示する

Section 11 [見やすいグラフの作り方] 見やすい折れ線グラフの作り方

折れ線グラフも棒グラフと同様、多用されるグラフです。ですから、この機会に見やすい折れ線グラフの作り方を覚えてください。

今回は、図6-20の表のデータを元に折れ線グラフを作ります。デフォルトで折れ線グラフを作ると、図6-21のようになります。

企業	2015	2016	2017	2018	2019
自社	832	921	1052	1253	1500
A社	1015	1050	1162	1203	1264
B社	850	980	1030	1100	1160
C社	800	890	980	1060	1140
D社	640	700	760	820	900
E社	540	632	705	720	800

図6-20：グラフの元となる数字

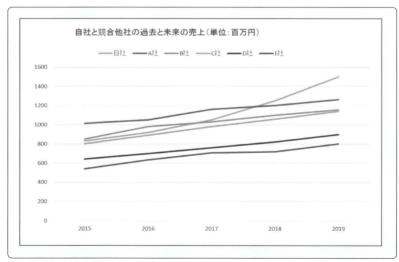

図6-21：デフォルトの折れ線グラフ

このグラフの問題点は「①線が多すぎて見づらい」「②どの線が何を表すか、数値がいくつかがわからない」という点が挙げられます。

①線が多すぎて見づらい

図6-21では、折れ線グラフの線が6つあります。これだと折れ線同士が混在し、何を示しているかよくわかりません。

折れ線グラフの目的は「比較」です。**線が多すぎると比較がしづらくなるので、折れ線グラフの線は3本、多くても4本程度にすべきです。**

線を減らすと、折れ線グラフがグッと見やすくなります。データを取捨選択し、重要なもののみを折れ線グラフに載せるようにしましょう。

中には「全てのデータを折れ線グラフに入れないとダメなのでは?」と思う人もいるかもしれません。でも、心配はいりません。例えば3本に減らしたグラフをプレゼン相手に見せたとき、「C社、D社、E社は載ってないけど、調べてないのか?」と質問されたら、「調べましたが、B社よりも数字が小さいのと、全てグラフに載せると見難くなるので、グラフには載せませんでした。でも、C社、D社、E社の動向もしっかり見ていますので安心してください」というように、「載せなかった理由」をしっかり伝えればよいのです。そうすれば、質問した側も「グラフに載ってないだけでちゃんと調べているし、彼は優先順位を付けて物事を考えられるんだな」と安心してくれます。

②どの線が何を表すか、数値がいくつかがわからない

図6-21の折れ線グラフは、どの折れ線がどの項目を表しているのかが、一目ではわかりません。これだと、見る側は毎回折れ線の色と、グラフ上部にある判例を付け合わせる必要があります。つまり見る側に負担をかけることになるわけです。折れ線グラフの値についても同様のことが言えます。ですから、**折れ線にデータラベルを表示させ、表している値を表示すべきです。**そうすれば、どの折れ線がどの会社のもので、数字はどのくら

いなのかが一目でわかるようになります。

これらの課題を解決した折れ線グラフが、図6-22です。では、折れ線グラフを見やすくするために何をしたのかを紹介します。

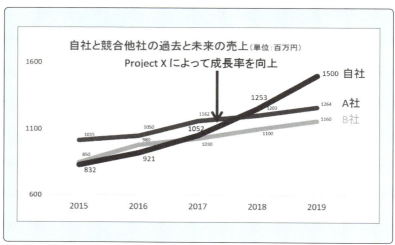

図6-22：見やすく加工した折れ線グラフ

[折れ線の数を3つに減らす]

デフォルトのグラフにあったC社、D社、E社のグラフを削除し、自社、A社、B社だけの折れ線グラフにしています。

[自社の折れ線を最前面に変更]

図6-20の表では、「自社」が項目の一番上にありました。これだと折れ線グラフにしたとき、自社のグラフ線が「最背面」となってしまいます。つまりグラフ線が重なったときに、自社の線が他社の線の背面に隠れてしまうわけです。そこで、自社を表の一番下の項目に移動することで、折れ線グラフの線をA社、B社の前面に配置することができます（図6-23）。

[折れ線の色と太さ]

折れ線の色は、自社を一番濃い色とし、他社は薄い同系色にしています。

企業	2015	2016	2017	2018	2019
B社	850	980	1030	1100	1160
A社	1015	1050	1162	1203	1264
自社	832	921	1052	1253	1500

— グラフ線が最前面になるよう、表では一番下に移動する

図6-23：表の位置を変更する

この折れ線グラフで一番言いたいのは自社のことだからです。また、太さも自社は10ptとし、他社は少し細い8ptとしました。

[折れ線に値を表示]

折れ線を右クリックして「データラベルを追加」を選択し、折れ線上に値を表示しています。また、自社の値は目立つようにフォントサイズを大きくしました。さらに、値が折れ線に重なると見づらくなるので、位置を微調整しています。

[横軸の罫線を削除]

棒グラフと同様に、横軸の罫線を削除しています（P.248参照）。

[伝えたいメッセージを文章で追加]

「Project Xによって成長率を向上」というメッセージ、つまりこの折れ線グラフで最も伝えたいことを、文章と矢印線で追記しています。

[目盛を簡素化]

縦軸の項目数を減らし、目盛を簡素化しています（図6-24）。デフォルトでは、縦軸の目盛は「0」から始まり、その後「200、400、……」のように200ずつ増えていきますが、図6-24では一番下を「600」とし、500ずつ増えていく形にしました。これにより、目盛が少なくなり、スッキリとわかりやすく見えます。

目盛の変更方法ですが、目盛をダブルクリックして「軸の書式設定」を表示、「軸のオプション」で「最小値」を600とします。また、「主」を変更して目盛を表示する間隔を指定できるので、「500」にして目盛を少なくしています。

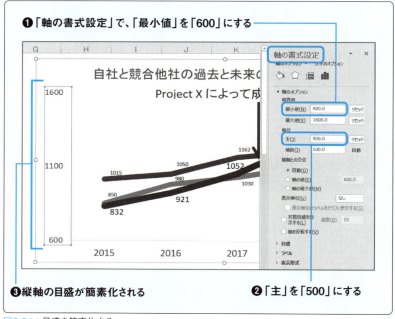

図6-24：目盛を簡素化する

［見やすいグラフの作り方］
見やすい円グラフの作り方

Section 12

Chapter 06

STEP ❹ 報告・プレゼン資料を作成する

見やすい円グラフの2つのポイント

円グラフを見やすくする方法も、簡単に解説しておきましょう。円グラフで自分の言いたいことを表現するためには、次の2つの点に注意します。

［ ①人の目に合わせた配置にする ］

円グラフを見る人の「目の動き」は上から始まり、上の右、そして左へと動きます。よって、右上に最も大きい項目を置き、左上に2番目、3番目、4番目の項目を表示することで、「人の目の動く順番」と「シェアの大きさ」を合わせることができます。

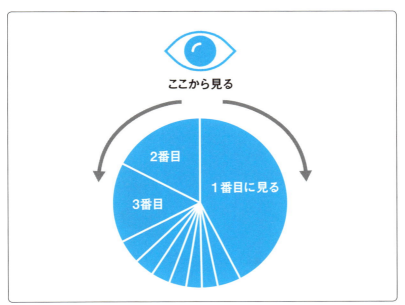

図6-25：見やすい円グラフの配置

[②自分が言いたい項目を目立たせる]

　自分が一番言いたい項目を目立たせることで、伝えたいメッセージを伝えやすくします。図6-26はデフォルトの円グラフですが、これだと伝えたいメッセージがよくわかりませんね。

　一方、デフォルトの円グラフに手を加えたのが図6-27です。一番訴えたいのは「H自動車」の売上シェアだということがわかりますね。最も目立たせたいH自動車は一番濃い色になっています。また、H自動車よりもシェアが大きい2社は同系色の薄い色、それ以外の会社は同系色のさらに薄い色にすることで、H自動車がより目立つようになっています。

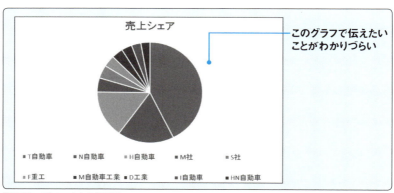

図6-26：デフォルトの円グラフ

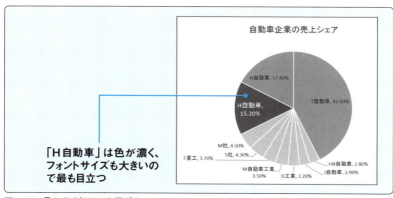

図6-27：見やすく加工した円グラフ

見やすい円グラフにするための工夫

図6-27のような円グラフを作る手順を説明しておきます。まず、P.255で紹介した「人の目の動き」に沿うように、表の項目の並び順を変更しました。具体的には、シェア2位以下のデータ順を全て逆にしています（図6-28）。これにより、人の目の動きに合った円グラフの順番に変更できます。

また、デフォルトでは円グラフの下に並んでいた判例を削除し、データラベルを追加して項目名（会社名）と値（シェアを示すパーセンテージ）を追加しました。

さらに、P256で紹介したように、円グラフの色付けを変更しています。色付けの手順にもコツがあり、**まず円グラフの全ての要素を選択し、最も多くの要素に適用する色（この例では最も薄い色）で塗りつぶします。**次に1つ1つの要素を選択し、色を変更していけば、より素早く色の変更が行えます。

図6-28：表データの項目順を並べ替える

Section 13 ［見やすいグラフの作り方］
見やすい散布図の作り方

散布図はデフォルトも悪くない、が……

　散布図に関しては、実はEXCELのデフォルトで作れるグラフもなかなか悪くありません。ただし、数か所手を加えるだけでさらにわかりやすくなるので、ここで紹介しておきましょう。
　デフォルトの散布図は、図6-29のようになりますが、改善できる点として次の2点が挙げられます。

[①X軸とY軸が何を表しているのかわからない]

　デフォルトでは、X軸、Y軸がそれぞれ何を表しているかが表示されません。そこで、X軸、Y軸に軸ラベルを追加することで、例えばX軸が「訪問者数」、Y軸が「販売数」だということがわかるようになります（グラフをクリックすると表示される「＋」マークから、軸ラベルを追加できます）。

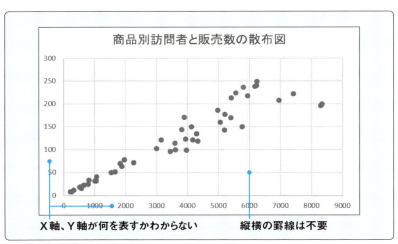

図6-29：デフォルトの散布図

[②背景の罫線は不要]

　グラフは極力シンプルにすべきです。縦横の罫線を削除すれば、散布図をよりスッキリと見せることができます。

その他の細かい調整事項

　その他の細かい調整事項としては、散布図のマーカーの色は、資料の基調色に合わせると、より美しく見えます。また、マーカーの重なりが多い場合は、マーカーの線の色を白にすることで、各マーカーの境界線がわかりやすくなるでしょう。

　さらに、マーカーの大きさは10pt程度にすると、マーカーの存在感が増し、より見やすい散布図に仕上がります。マーカーをダブルクリックすると「データ系列の書式設定」が表示されるので、マーカーの色や線、大きさを適宜調整しましょう。

　これらのポイントを踏まえた散布図は、図6-30のようになります。

　いかがでしょうか。デフォルトの散布図よりも見やすくなったことがわかるのではないでしょうか。

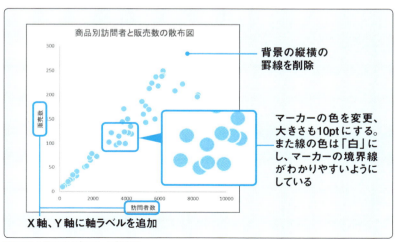

図6-30：見やすく加工した散布図

Section 14

[ワンランク上のグラフ作成]

バブルチャートで3つの要素の関係を表現する

バブルチャートが表すもの

　ここまで「棒グラフ」「折れ線グラフ」「円グラフ」「散布図」について、より見やすくカスタマイズする方法を解説してきました。ここからは「ワンランク上」のグラフ作成術を紹介しておきます。

　まずは「バブルチャート」です。棒グラフや折れ線グラフは普段から利用している人も多いでしょうが、「バブルチャート」を日常的に使っている人は決して多くないでしょう。そこで、バブルチャートの使い方を覚えれば、グッと「仕事デキる感」が増します。

　バブルチャートは、3つの要素を分析したい場合に重宝します。例えば第4章で紹介したマトリクス分析は、「クリック率」と「購買率」のように、2つの切り口に基づいて分析するものでした。しかしこの2軸に加え、3か月前のクリック率と比較した「クリック率の成長率」も加味したいという場合に、バブルチャートが役立ちます。

　バブルチャートでは、「X軸」「Y軸」「バブルのサイズ」で要素を表現します。図6-31がバブルチャートの完成イメージです（サンプルのワークシートに収録されています）。X軸が「クリック率」、Y軸が「購買率」で、バブルサイズが「クリック率の成長率」を表しています。

バブルチャートの作り方

　では、バブルチャートの作り方を見ていきましょう。バブルチャートでは、3種類のデータを選択して、グラフを作ります。まずはバブルチャート化にしたい表から、「購買率」「クリック率」「クリック率の成長率」を選択します。なお選択する際は、「Ctrl」+「Shift」+「↓」キーを使うと便利です。

続いてリボンメニューの「挿入」からグラフを選択しますが、「散布図」の下に「バブル」という項目があるので、そこから2次元のバブルチャートを選択してください（図6-32）。

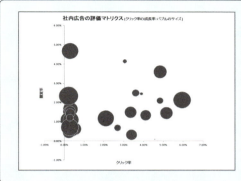

図6-31：バブルチャートの完成図

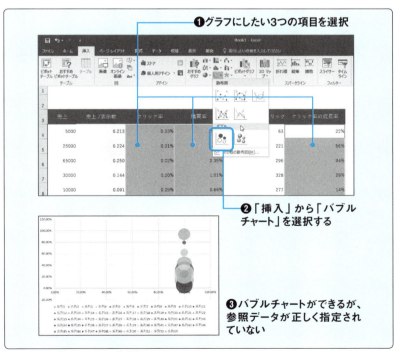

図6-32：バブルチャートの作成①

X軸、Y軸、バブルサイズが表示するデータの修正

　作成したバブルチャートのX軸、Y軸、バブルサイズが思った通りのデータを表現していればいいのですが、残念ながらそうとは限りません。思った通りの表現になっていない場合は、グラフを右クリックし、「データの選択」を選択します。「データソースの選択」ダイアログの左の「凡例項目」の項で、参照するデータ範囲を変更できます。

　まず、「系列」が複数ある場合は削除し、1つにしてください。その後残った系列を選択して「凡例項目（系列）」の「編集」をクリックし、X軸、Y軸、バブルサイズのそれぞれのデータ範囲を選択してください。今回の例では、「X軸」で「クリック率」、Y軸で「購買率」、バブルサイズで「クリック率の成長率」のそれぞれのデータ範囲を指定します（図6-33）。

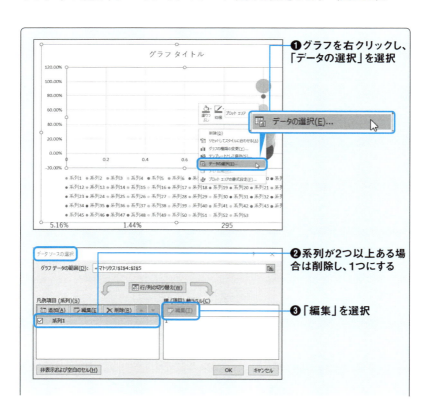

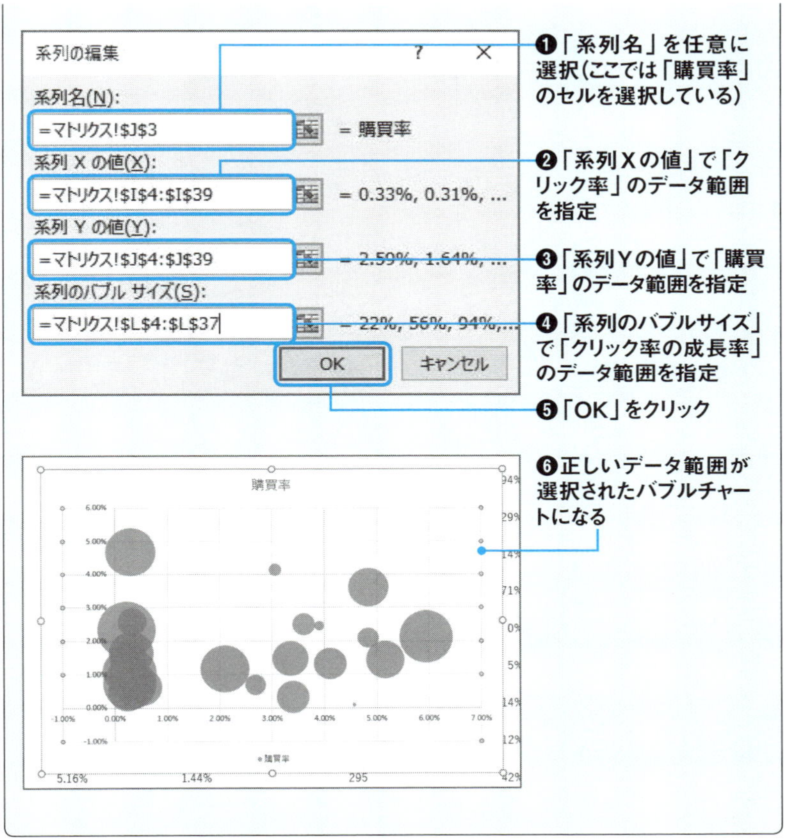
系列の編集
系列名(N):
=マトリクス!$J$3
= 購買率
系列 X の値(X):
=マトリクス!$I$4:$I$39
= 0.33%, 0.31%, ...
系列 Y の値(Y):
=マトリクス!$J$4:$J$39
= 2.59%, 1.64%, ...
系列のバブル サイズ(S):
=マトリクス!$L$4:$L$37
= 22%, 56%, 94%,...
OK
キャンセル
❶「系列名」を任意に選択(ここでは「購買率」のセルを選択している)
❷「系列Xの値」で「クリック率」のデータ範囲を指定
❸「系列Yの値」で「購買率」のデータ範囲を指定
❹「系列のバブルサイズ」で「クリック率の成長率」のデータ範囲を指定
❺「OK」をクリック
購買率
❻正しいデータ範囲が選択されたバブルチャートになる

図6-33：バブルチャートの作成②

バブルのサイズを調整する

バブルのサイズが大きすぎる、小さすぎると感じる場合、バブルサイズを調整できます。バブルをダブルクリックすると「データ系列の書式設定」が表示されます。「バブルサイズの調整」欄では、デフォルトで100になっているので、適当な値に変更してください。

値を入力して、「Tab」キーを押すとバブルサイズが変わるので、サイズを確認しながら調整することが可能です。任意のサイズに変更したら、バブルチャートの完成です（図6-34）。

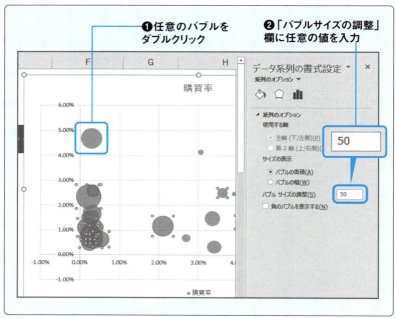

図6-34:バブルチャートの作成③

バブルチャートから何を読み取るか

　せっかくバブルチャートを作ったので、バブルチャートの読み取り方も解説しておきましょう（図6-35）。

　今回作成したバブルチャートでは、「購買率」「クリック率」「クリック率の成長率」の3つの要素を示しています。これがWeb広告の成果を検証するものだとすると、クリック率が2％以上あり、バブルサイズが大きいものは、クリック率が改善しており、パフォーマンスがよくなった広告だと言えます（該当するバブルの色を変えると、よりわかりやすくなると思います）。マトリクス分析のように、任意の縦横線を引いて四分割すると、よりわかりやすいでしょう。これらは成長率が高くてパフォーマンスが高い広告ということですから、これらの広告の概要を子細に調べれば、パフォーマンスが改善した原因を突き止め、他の広告に活かすことができるかもしれません。

また、左上のマトリクスでバブルサイズが大きいものは、「クリック率は低いが購買率が高く、またクリック率も改善している」ということですから、これらの広告も調べてみると、何か成長のカギが見つかるかもしれません。

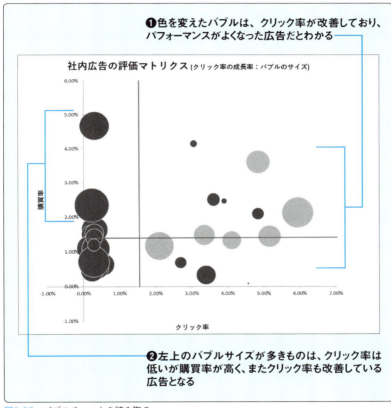

図6-35：バブルチャートを読み取る

Section 15 [ワンランク上のグラフ作成] ウォーターフォールチャートで構成をわかりやすく表現する

　最後に紹介したいのがウォーターフォールチャートです。ウォーターフォールチャートは、戦略コンサルティング会社マッキンゼー・アンド・カンパニーが顧客向けに開発したグラフで、**各要素の正負の影響、または構成を見るのに適しています。**

　例えば、A社の各事業の売上を図6-36のような表にまとめたとします。これをそのまま棒グラフにすると図6-37のようになりますが、これだとあまり面白みのないグラフとなってしまいます。

A社の事業別売上 （単位：百万円）	
事業	売上
エネルギー	¥24,724
資源	¥16,975
エネルギー　技術	¥7,569
航空	¥21,911
ヘルスケア	¥18,200
交通手段機器	¥5,885
住宅・照明	¥8,338
合計	¥103,602

図6-36：A社の各事業の売上

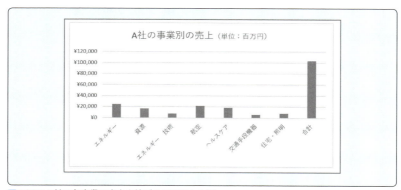

図6-37：A社の各事業の売上を棒グラフで示した例

この表をウォーターフォールチャートで表現したのが図6-38です。これを見ると、各事業の売上が積み上がり、会社全体の大きな売上を作っていることが表現できます。また、各事業の売上の大きさが一目で見て取れますよね。ウォーターフォールチャートはコンサルタントがよく使うのですが、普通の棒グラフよりも表現力に優れていることがわかるでしょう。

図6-38：ウォーターフォールチャートの例

ウォーターフォールチャートの作り方

　では、このウォーターフォールチャートの作り方を紹介しましょう。最初に、ウォーターフォールチャートを作るための表を新たに作り直します。なぜなら、各事業の売上の値とは別に、「その売上をどれぐらい宙に浮かせるか」を指定する必要があるからです。ここでは、これを「下端値（かたんち）」と呼ぶことにしましょう。下端値には、表の1つ上の下端値と売上の合計を記入してください（図6-39）。
　次に、作成した表を選択し、「積み上げ縦棒」の棒グラフを作ってください。積み上げ縦棒の上が「各事業の売上」、下が「下端値」を示すことになります。

図6-39:ウォーターフォールチャートの作成①

積み上げ横棒の棒グラフを作ったら、次の4つの処理を行っていきます。

[①棒の間隔を調整]

棒上をダブルクリックして「データ系列の書式設定」を表示し、「系列のオプション」内の「要素の間隔」を0%にして、棒同士がくっつくようにします。

[②棒の色を変更]

積み上げ縦棒の下の部分（下端値）の色を白に塗りつぶします。これにより、各事業の売上が宙に浮いているようになります。

[③データラベルを表示]

ここから先は微調整です。残った棒を右クリックして「データラベルの追加」を選択して、各事業の売上を表示します。

[④見やすく調整]

最後に、グラフを見やすく微調整します。棒グラフの色を任意に変更したり、判例や横罫線の削除、タイトルの入力、縦軸の目盛の簡素化などを任意に行ってください。調整を終えたら、ウォーターフォールチャートの出来上がりです（図6-40）。

なお、今回は縦棒のウォーターフォールチャートを作成しましたが、横棒でウォーターフォールチャートを作ることも可能です。本書サンプルワークシートに、横棒のウォーターフォールチャートの作成例もありますので、ぜひ試してみてください。

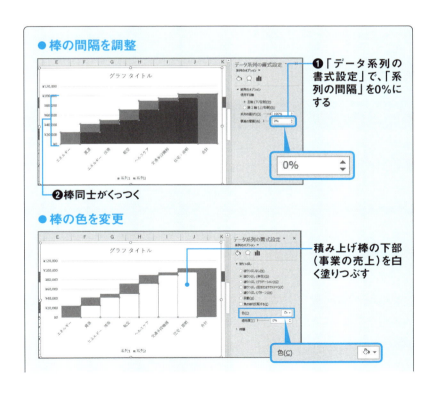

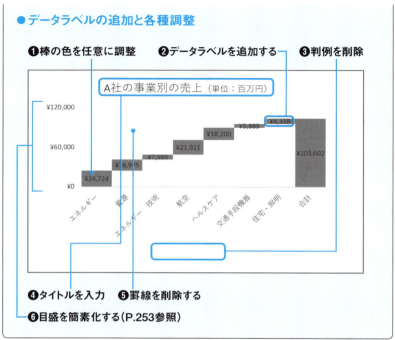

図6-40：ウォーターフォールチャートの作成②

最後に……

　ここまで、見やすい表やグラフの作成方法を解説してきました。見やすい表、グラフを作ることは、コミュニケーションをスムーズにすることにつながります。**素晴らしい調査、分析、シミュレーションを行っても、それが相手に伝わらなければ意味がありません。**表やグラフにひと工夫を加えることで、伝えるべきメッセージを伝えやすくなるはずです。

　みなさんも、表やグラフの作成時は「ちょっとしたひと手間」を惜しまないでください。

　それがマーケティング担当者としての心得ですし、マーケティングの仕事の質を高めることにつながるのです。

あとがき

　本書では、マーケティングに役立つ数字思考力とEXCELの使い方について、集計、分析、予測、資料作りという視点で紹介してきました。あなたのお仕事に使えそうな考え方、EXCELの使い方が見つかったら、とても嬉しいです。

　本書は「マーケティング初心者」にこそ読んでほしいのですが、一方でとてもレベルの高い仕事を志している内容でもあります。
　ですから、1回読んで全ての内容を理解できなくても大丈夫です。理解できたもの、使えそうと思ったものから、ぜひ仕事で試してみてください。
　1つ実践してみたら同じ内容を繰り返してみる、あるいは1つ実践できたら、今度は別のことを実践してみる。このように行動し続けることで、小さな成功を生み出していくと思います。そして小さな成功を積み重ねが、やがては大きな成功へとつながっていくことでしょう。

　成功を積み重ねると、仕事が楽しくなっていきます。仕事が楽しくなると、生きること自体もさらに楽しくなります。本書があなたの人生をより素敵にする一助となれば、本当に嬉しいです。

　最後に、本書を書くにあたって手伝っていただいた方々にお礼をさせてください。
　企画段階で著者の相談にのっていただき、貴重なアドバイスをくれた立花源太郎さん、菅恭一さん、堀昌之さん、北能直樹さん。原稿の確認を手伝っていただいた村上佳代さん。企画作りの段階から二人三脚で取り組んでいただいた編集の石原真道さん。そして毎早朝、原稿を書いている私を心身ともに支えて応援してくれた妻のすぐりと娘のさくらとすみれに、深く深く感謝申し上げます。

植山 周志

| 著者プロフィール |

植山 周志（うえやま・しゅうじ）

外資系企業にてインターネットのマーケティングに従事。2008年より、仕事の傍らビジネスマンに向けたExcelの使い方やプレゼン資料の作り方、数字思考力などのレクチャーを実施。2011年3月にグロービス経営大学院を卒業し、MBAを取得。「世の中に価値あることを提供する」ことを目指して、日々努力中。1994年からの12年間で、BMX（自転車競技）の国内外の大会にて45回もの優勝経験を持つアスリートでもある。趣味は料理とホームパーティー。著書に『「あるある」で学ぶ忙しい人のためのExcel仕事術』（インプレス）がある。

●植山周志のぶっ飛びブログ
http://www.shoe-g.com

装丁・本文デザイン	FANTAGRAPH（ファンタグラフ）
DTP	佐々木 大介
	吉野 敦史（株式会社 アイズファクトリー）

数字思考力 × EXCELで
マーケティングの成果を上げる本
（カケル エクセル）

2016年 8月24日 初版第1刷発行
2016年11月 5日 初版第2刷発行

著　者　　　植山 周志
発行人　　　佐々木 幹夫
発行所　　　株式会社 翔泳社（http://www.shoeisha.co.jp）
印刷・製本　凸版印刷株式会社

©2016 Shoe-g Ueyama

本書は著作権法上の保護を受けています。本書の一部または全部について(ソフトウェアおよびプログラムを含む)、株式会社 翔泳社から文書による許諾を得ずに、いかなる方法においても無断で複写、複製することは禁じられています。
本書へのお問い合わせについては、2ページに記載の内容をお読みください。
落丁・乱丁はお取り替えいたします。03-5362-3705までご連絡ください。
ISBN978-4-7981-4639-3　　　　　　　　　　　Printed in Japan